Claudia Schäfer

Lernen mit Maria Montessori im Kindergarten

Claudia Schäfer

Lernen mit Maria Montessori im Kindergarten

HERDER

FREIBURG · BASEL · WIEN

Gedruckt auf umweltfreundlichem, chlorfrei gebleichtem Papier

Umschlaggestaltung: R·M·E Roland Eschlbeck/Rosemarie Kreuzer
Umschlagfoto: Hartmut W. Schmidt, Freiburg
Fotos im Innenteil:
S. 26, 58, 83, 100, 103, 122, 128, Hartmut W. Schmidt;
S. 77, 78, 107, 110, Claudia Schäfer

www.herder.de
Satz: Barbara Herrmann, Freiburg
Druck und Bindung: fgb · freiburger graphische betriebe 2005
www.fgb.de
ISBN 3-451-28693-9

Inhalt

Vorwort

Nie mehr lernen Kinder so viel, so schnell und so leicht wie in den ersten Lebensjahren: In rasantem Tempo lernen sie die Muttersprache sprechen und verstehen, sie lernen Laufen und entdecken mit riesiger Neugierde und Ausdauer die Welt.

Vermutlich können Vorschulkinder von Natur aus nichts besser als lernen, doch brauchen sie dafür eine anregende Umgebung. Fehlen solche Anregungen, kann es zu Entwicklungsverzögerungen und Lernstörungen kommen. In Einschulungstests zeigten im Jahr 2004 bis zu einem Drittel der Kinder deutliche Sprachstörungen, sie hatten motorische Probleme, litten unter Übergewicht oder waren verhaltensauffällig. Andere Kinder in diesem Alter hingegen können bei der Einschulung bereits ihren Namen schreiben und lesen, bis 100 zählen und erste Rechenaufgaben lösen. Ich glaube nicht, dass diese Kinder von Natur aus klüger sind als andere Kinder, sondern dass ihr natürlicher „Lernhunger" besser gestillt wurde. Wir alle können immer wieder beobachten, wie beispielsweise Vierjährige intensiv Schwungübungen auf Papier malen – erste „Schreibversuche", die zeigen, dass hier großes Interesse am Umgang mit der Schrift besteht. Doch nicht immer erhalten Kinder in diesem Alter ausreichende Lernangebote, gilt doch z. B. das Schreibenlernen in der Regel als eine Aufgabe, die in der Grundschule zu bewältigen ist, und nicht in der Kindertagesstätte.

Wie entscheidend die ersten Lebensjahre für die Erziehung und Bildung der Kinder sind, belegen Erkenntnisse der modernen Hirnforschung: Sie besagen, dass das Lernen mit der Geburt beginnt – oder eben auch nicht, denn Langeweile und zu wenige Anregungen schaden der Ausbildung des Gehirns, das wie ein Muskel trainiert werden muss (Braun 2002). Trotz dieser Erfahrungen und Erkenntnisse bieten wir in Deutschland Kindern erst ab der Grundschule systematische Bildungsangebote. Das Lernen in den ersten sechs Lebensjahren bleibt noch sehr dem Zufall oder dem Können einzelner Eltern und Erzieher/innen überlassen.

Bereits vor bald hundert Jahren stellte sich die italienische Reformpädagogin Maria Montessori (1870–1952) die Frage, wie wir Vorschulkinder optimal bei ihrer Entwicklungsarbeit und in ihrem großen Lerninteresse fördern können. Die Grundthesen, die sie aus intensiven Beobachtungen entwickelte, werden in den letzten Jahren durch moderne Forschungsergebnisse wissenschaftlich bestätigt. Ich möchte in diesem Buch einige dieser Forschungsergebnisse, insbesondere aus dem Gebiet der Gehirnforschung, mit den Beobachtungen Montessoris über das kindliche Lernen in Beziehung setzen und vergleichen. Denn sowohl die Ergebnisse der Hirnforschung wie die Behauptungen Montessoris regen dazu an, das bis heute noch vorherrschende Verständnis über das kindliche Lernen neu zu überdenken und bereits Vorschulkindern im Elementarbereich kindgerechte Lern- und Bildungsangebote zu machen.

Die Montessori-Pädagogik ist eine ganzheitliche, humanistische und anspruchsvolle Pädagogik, mit überzeugenden Zielen und einer schlüssigen, kindgerechten Methode, die bereits seit vielen Jahrzehnten weltweit erfolgreich praktiziert wird. Sie bietet sicher nicht für alle derzeit anstehenden Bildungsfragen im Elementarbereich eine passende Antwort, doch sie gibt uns viele praktikable und auch nach neuestem Wissensstand überzeugende Hinweise für die lernanregende Gestaltung des Kindergartenalltags: Einige davon möchte ich Ihnen in diesem Buch vorstellen.

Ich wünsche uns allen viel Erfolg auf dem anspruchsvollen Weg, die Kinder zu entdecken, zu begleiten und dabei sich selbst als Erzieher/in neu zu definieren.

An dieser Stelle möchte ich allen herzlich danken, die mich unterstützt haben, dieses Buch zu schreiben. Im Besonderen gilt dieser Dank meinem Mann Stefan und meinen zwei „lernhungrigen" Töchtern Mirka und Larissa sowie meiner freundlichen Lektorin Sonja Schneider vom Herder Verlag.

Claudia Schäfer

1 Die Forderung nach Bildungs- angeboten im Elementarbereich und die Montessori-Pädagogik

Seit ca. 200 Jahren, seit Beginn der institutionalisierten Betreuung von Kindern im Vorschulalter, gibt es immer wieder Forderungen danach, dass Vorschulkinder nicht nur betreut werden sollten, sondern bewusst erzogen und durch Lernangebote gefördert werden müssten (vgl. Aden-Grossmann 2002). Bereits Friedrich Fröbel (1782–1852) stellte die These auf, dass in frühester Kindheit Lernprozesse möglich seien, die man im Kindergarten fördern könne. Über 50 Jahre später formulierten Reformpädagog(inn)en, u. a. auch Maria Montessori, vergleichbare Forderungen: Verwahranstalten für Vorschulkinder sollten anerkannte Erziehungs- und Bildungseinrichtungen werden. Doch erst durch neuere Forschungen zur Entwicklungspsychologie, der Hirnforschung und der Neurobiologie gelten solche Thesen und Forderungen als wissenschaftlich legitimiert.

Endlich wandeln sich unsere Vorstellungen von der Entwicklung der Kinder, ebenso wie unsere Erziehungs- und Bildungsideen sowie das Verhältnis zwischen Erwachsenen und Kindern – was sich unter anderem im 1990 verabschiedeten Kinder- und Jugendhilfegesetz niederschlug. Im § 1, Absatz 1 ist folgender Anspruch, den jedes Kind an die Gesellschaft hat, festgehalten:

„Jeder junge Mensch hat ein Recht auf Förderung seiner Entwicklung und auf Erziehung zu einer eigenverantwortlichen und gemeinschaftsfähigen Persönlichkeit."

Doch wie sieht die Umsetzung dieses Paragraphen aus? Wie schon im Vorwort erwähnt, leiden bei Einschulungstests bis zu einem Drittel der Kinder an Spracharmut, Bewegungsdefiziten, Übergewicht und Verhaltensauffälligkeiten. Dem Berufsverband der Kinder- und Jugendärzte zufolge wiesen 2003 ca. 70.000 Kinder (Seiring 2004, S. 4) unter sechs Jahren Entwicklungsstörungen auf. Kein Wunder, dass deutsche Schüler/innen in

Studien wie PISA und der OECD im Gesamtergebnis keine befriedigenden Schulerfolge aufweisen. Bei den neu entfachten Diskussionen zur Verbesserung der Erziehung und Bildung wird u. a. deutlich, dass bereits Kinder im Vorschulalter kindgerechter gefördert werden müssten. Neben der frühkindlichen Förderung durch die Eltern sind die Kindertagesstätten neu gefordert, um zukünftig ein systematischeres Bildungsangebot im Elementarbereich anbieten zu können. Dementsprechend erarbeitet man derzeit in jedem Bundesland Grundsätze (Orientierungspläne) für die Frühpädagogik. In Baden-Württemberg nehmen beispielsweise 38 Einrichtungen am Bundesprojekt „Bildungsstätte Kindertageseinrichtung" teil. Und in Bayern (Modellphase 2004) sogar 106 Einrichtungen: Im Auftrag des Bayrischen Staatsministeriums für Sozialordnung, Familie und Frauen entwickelt das Staatsinstitut für Frühpädagogik einen Bildungs- und Erziehungsplan für Kinder bis zur Einschulung in Tageseinrichtungen (Bayrischer Bildungs- und Entwicklungsplan 2003).

Bei der Suche nach angemessenen Reformen für die frühkindliche Förderung fasst Wassilios E. Fthenakis (Leiter des Münchner Staatsinstituts für Frühpädagogik) zwei zentrale Fragestellungen zusammen:

„1. Welcher Bildungsphilosophie und welchem Bild des Kindes fühlt sich unser Bildungskonzept verpflichtet?
2. Wie sind in den Kindertagesstätten Lernprozesse zu organisieren, die den Kindern dabei helfen, ihre eigene Entwicklung mitzugestalten, Verantwortung für sich und andere zu übernehmen und in ihrem Lernprozess einen Sinn zu finden?" (Fthenakis/Textor o.J.)

Solchen Fragen ging schon vor vielen Jahrzehnten die italienische Reformpädagogin Maria Montessori nach. Auch sie fragte, wie Kinder lernen und wie sie sich entwickeln, wie wir die frühkindliche Förderung konkret gestalten, wie wir die Motivation und die Fähigkeit zu kontinuierlichem und selbst organisiertem Lernen schon früh, bereits in Kindertagesstätten, einleiten können und wofür wir unsere Kinder erziehen und bilden. Dabei rückte sie die vielen „vernünftigen" Betätigungen, zu denen bereits Säuglinge fähig seien, in den Fordergrund und trat dafür ein, dass Kinder schon früh selbstständig und individuell lernen. Hier zeigt sich u. a. die Aktualität der Montessori-Pädagogik: Sie tritt überzeugend für den Lernwillen jüngerer Kinder ein und bietet uns praktische, hilfreiche Tipps an, wie wir diesen Lernwillen angemessen (ohne Zwang und Belehrung) stillen können.

Doch ein solch positives Bild von einem lernhungrigen Kind setzt sich erst sehr langsam durch. Laut Gunilla Dahlberg (2004) beinhalten unsere heutigen Bildungsvorstellungen immer noch Vorurteile, dass Kinder schwach und passiv, unfähig und unterentwickelt, abhängig und Mängelwesen seien. Daher nimmt man ihnen viele Entwicklungsarbeiten ab, statt ihnen zu zeigen, wie sie es selbst machen können.

Genau das aber war das Anliegen Montessoris, die das Kind, seine Bedürfnisse und vor allem seine Fähigkeiten ins Zentrum ihrer pädagogischen Überlegungen stellte und ausgehend von einem solch positiven Kindbild ihr anthropologisches Modell der sensiblen Phasen entwickelte, innerhalb derer sich Kinder und Jugendliche schrittweise entwickeln und lernen. Sie hat mit ganzheitlichem und empathischem Blick das Besondere dieser Phasen herausgearbeitet und dafür eine schlüssige pädagogische Methode konzipiert, die genau diesen Phasen gerecht wird. Weltweit, über sprachliche und kulturelle Grenzen hinweg, zeigt sich in der praktischen Umsetzung dieser Methode ihr Erfolg. Hier lernen Kinder in Freiheit, sie lernen Selbstständigkeit, Selbstvertrauen und Selbstliebe (als Basis jeden sozialen Lernens), sie entfalten ihre ganze Persönlichkeit.

Die von Montessori bereits vor vielen Jahrzehnten entwickelten anthropologischen Grundthesen in Bezug auf die besonderen Lernfähigkeiten und -interessen der Kinder werden heute in vielen Aspekten von modernen wissenschaftlichen Forschungsergebnissen bestätigt: Sie belegen, dass Kinder viel lernen wollen und können, dass sie sich in besonderen Phasen entwickeln und sich durch ihre aktive Interaktion mit einer anregenden Umwelt entfalten.

Um besser zu verstehen, wie Kinder lernen und sich entwickeln, müssen wir uns Kindern einfühlsam zuwenden: Maria Montessori hat hierzu wichtige Beobachtungen gemacht und beschrieben. Neben der Darstellung von Montessoris Grundannahmen möchte ich diese im Folgenden in Verbindung bringen mit wichtigen Forschungsergebnissen der Hirnforschung, die Aufschluss über „innere Lernprozesse" liefern. Im Zentrum steht dabei die Frage, ob Montessoris Thesen ihre Entsprechung oder sogar Bestätigung in diesen Forschungsergebnissen finden.

2 Wie lernen Kinder?

Bis heute verbinden wir Erwachsenen mit Lernen oft Anstrengung und Angst. Wir reduzieren Lernen dabei auf das schweißtreibende Aneignen von Wissen und mühevolles Denken. Doch wir lernen im Laufe unserer Lebensjahre weitaus mehr: wir lernen Essen, Trinken, Krabbeln, Gehen, Springen, Sprechen, Singen, Tanzen, Fahrrad fahren, Rechnen, Schreiben, Malen, wir lernen mit Ängsten und Gefühlen umzugehen, unsere Zeit zu managen, Probleme zu lösen, einen Beruf auszuüben, wir lernen, was wichtig ist und was nicht und vieles, vieles mehr.

Lernen ist eine ausgesprochen umfangreiche Angelegenheit und nicht auf bestimmte Zeiten oder auf die Aneignung von Fakten begrenzt. Und wenn wir näher hinschauen, entdecken wir, dass Menschen von Geburt an lernen, auf unterschiedlichsten Wegen, mit unterschiedlichem Interesse, ein Leben lang.

Während man bis vor kurzem noch davon ausging, Säuglinge seien nicht denkfähig, ihr Gehirn nicht sehr funktionstüchtig und insgesamt seien Säuglinge und Kinder „Mängelwesen", die erst ab dem Grundschulalter systematische Bildung brauchen, stellte z. B. die Entwicklungspsychologin Sabine Pauen an der Universität Heidelberg in ihren Untersuchungen fest, dass bereits sieben Monate alte Babys über Ursache und Wirkung nachdenken (Spiegel special 2003). Da kann man der neueren Hirnforschung sowie der Entwicklungspsychologie nur zustimmen, wenn sie heute Säuglinge als „neurobiologische Genies" (Spitzer 2002) und Kinder als „kompetent" (Juul 2003) bezeichnen, weil sie über mehr Fähigkeiten verfügen, als wir lange Zeit annahmen.

2.1 Wie Kinder lernen: Beobachtungen der Montessori-Pädagogik

Ohne sich auf fundierte Forschungsergebnisse stützen zu können, behauptete schon vor bald hundert Jahren Maria Montessori, Kinder seien von Geburt an beseelte und aktive Wesen mit ganz besonderen Fähigkeiten (Montessori 1980, S. 33f). Und deshalb müsse die Erziehung und Bildung der Kinder und Jugendlichen reformiert, sogar revolutioniert werden. Ihre Behauptungen basieren auf sorgfältigen und einfühlsamen Beobachtungen, die sie bei Kindern machte.

In ihrem ersten Kinderhaus in San Lorenzo (eröffnet 1907 in Rom) machte Montessori eine wichtige Entdeckung (Montessori 1976, S. 69ff.): Ein etwa dreijähriges Mädchen beschäftigte sich tief versunken mit einem Einsatzzylinderblock, aus dem es immer die kleinen Holzzylinder herausnahm, um sie wieder an ihre Stelle zurückzustecken. Das Mädchen ließ sich dabei nicht stören, auch nicht, als Maria Montessori das Mädchen mit seinem Stuhl auf einen Tisch stellte und die ganze Kindergruppe um es herum zu singen begann. Montessori hatte 44 Wiederholungen bei dem Mädchen gezählt. Unabhängig von der Umgebung hörte das Mädchen von alleine mit seiner Arbeit auf, schaute zufrieden um sich, als wäre es aus einem erholsamen Schlaf erwacht. Diese besondere Aufmerksamkeit, mit der das Mädchen sich mit den Holzzylindern beschäftigt hatte, war für Montessori eine regelrechte Offenbarung, war sie doch bis dahin davon überzeugt, dass kleine Kinder sich nicht konzentrieren könnten und sehr unstet seien (Montessori 1976, S. 69ff.). Dieses geistige Phänomen nannte Montessori die „*Polarisation der Aufmerksamkeit*":

„*Es schien, als hätte sich in einer gesättigten Lösung ein Kristallisationspunkt gebildet, um den sich dann die gesamte chaotische und unbeständige Masse zur Bildung eines wunderbaren Kristalls vereinte. Nachdem das Phänomen der Polarisation der Aufmerksamkeit stattgefunden hatte, schien sich in ähnlicher Weise alles Unorganisierte und Unbeständige im Bewusstsein des Kindes zu einer inneren Schöpfung zu organisieren, deren überraschende Merkmale sich bei jedem Kinde wiederholen. (…) Es zeigt sich als normaler Anfang des inneren Lebens der Kinder und begleitet ihre Entwicklung, so dass es wie ein experimentelles Faktum der Forschung zugänglich ist. Auf diese Weise offenbarte sich die Seele des Kindes, und davon geleitet entstand eine neue Methode, in der die geistige Freiheit des Kindes deutlich wurde.*" (Montessori 1976, S. 70f.)

In der Montessori-Pädagogik gilt die „Polarisation der Aufmerksamkeit" als Ausgangspunkt und Ziel jeder pädagogischen Bemühung. Heute würden wir sagen, Erziehung und Bildung muss das natürliche Interesse des Kindes binden, dann beschäftigt es sich konzentriert mit einer Sache und behält (bzw. lernt) sie auch langfristig.

Wer mit Vorschulkindern zu tun hat, kann ihre Fähigkeit, sich intensiv mit einer Sache zu beschäftigen, selbst beobachten: Wie gerne und auch ausdauernd sortieren Kinder z. B. Steine, Stöcke oder Ähnliches? Sie lassen sich hiervon nur schwer abhalten und reagieren sogar oft wütend, wenn man sie dabei stört. Montessori beschrieb weitere Beispiele sinnvoller kindlicher Betätigungen, denn es war ihr ein besonderes Anliegen, die Formen der vernünftigen Betätigung des Kindes zu verstehen und zu achten: Ein Mädchen, das ca. ein halbes Jahr alt war, bekam eine Klapper mit einem silbernen Glöckchen. Man zeigte ihr, wie es die Glocke erklingen lassen konnte. Das Mädchen ließ jedoch die Klapper fallen. Man hob die Klapper auf, gab sie dem Mädchen wieder, das die Klapper erneut fallen ließ. Indem das Kind die Klapper fallen ließ und zurückverlangte, schien es einen Zweck zu verfolgen. Auch Tage später beobachtete das kleine Mädchen wieder, wie seine Hand sich öffnete, während die Klapper herunterfiel. Mit gespannter Aufmerksamkeit betrachtete die Kleine ihre Hand. Nicht die Klapper mit der Glocke fesselte die Aufmerksamkeit des Mädchens, sondern die „Funktion" ihrer Hand und Finger, die das Ding greifen können, erfüllten es mit Freude. Aufgrund solcher Beobachtungen erklärte Montessori:

> *„Vielleicht werden manche Menschen dieses innere Leben der ganz Kleinen bezweifeln. Man muss aber die Sprache der sich formenden Seele wie jede andere Sprache verstehen lernen, wenn man die menschlichen Bedürfnisse der Kleinen erkennen und sich von ihrer Bedeutung für das sich entfaltende Leben überzeugen will."* (Montessori 1954, S. 33f.)

In den oben genannten Beispielen zeigt sich, dass bereits kleine Kinder aus der Vielzahl der Umwelteindrücke einzelne „Funktionen" in ihrer Umwelt sehr genau beobachten und aktiv ausprobieren, um sie zu verstehen. Das alles geschieht über die Sinne und die kindlichen Bewegungen. Die Hand übernimmt für die Entwicklung des Geistes eine besonders wichtige Rolle: Das Greifen hat mit dem Be-greifen zu tun. Die Montessori-Materialien fördern dementsprechend gezielt die Feinmotorik der Hände und unterstützen die Augen-Hand-Koordination (vgl. Kap. 3.1).

Für Montessori stand aufgrund ihrer Beobachtungen fest, dass sich die Intelligenz des Kindes nicht langsam und von außen her aufbaut:

> *„(Der) Unterschied zu der veralteten Vorstellung von der Passivität des Kindes und dem wahren Sachverhalt liegt jedoch in der inneren Empfänglichkeit des Kindes. Eine sehr lange, fast bis zum fünften Lebensjahr reichende sensible Periode verleiht dem Kind eine wahrhaft wunderbare Fähigkeit, sich Bilder aus seiner Umwelt anzueignen. Das Kind ist der aktive Beobachter und nimmt mittels seiner Sinne Eindrücke von außen in sich auf."* (Montessori 1980, S. 92f.)

Dabei beobachtet das Kind aus eigenem, inneren Antrieb und wählt auf Grund individueller Interessen aus den vielen Eindrücken seiner Umwelt aus, geleitet von Vernunft. Denn das vernünftige Denken keimt und entfaltet sich von Geburt an.

In den verschiedenen Beispielen Montessoris wird deutlich, dass die Motivation des kindlichen Lernens von innen her kommt. Kinder verfügen zunächst über die Anlage zum Hervorbringen einer Fähigkeit, sie besitzen eine „schöpferische Haltung, eine potentielle Energie" (Montessori 1980, S. 60) für ihre gesamte Entwicklung. Und im Austausch mit Umwelterfahrungen kann sich so ihre Persönlichkeit entfalten. Montessori geht davon aus, dass die gesamte Entwicklung des Menschen von einem *inneren, individuellen und geheimnisvollen Bauplan* geleitet wird. Und dieser Bauplan offenbart sich über verschiedene Phasen hinweg, während sich das Kind interaktiv mit seiner Umwelt auseinander setzt. Solche Phasen nennt Montessori *sensible Phasen,* in denen ein Kind jeweils eine gesteigerte Empfänglichkeit bzw. ein besonderes Interesse für etwas zeigt. Kinder sind also keine „leeren Gefäße", in die wir Erwachsenen etwas hineintun müssen, sondern zu unterschiedlichen Zeiten öffnen sich jeweils spezielle „Lernfenster", wo Kinder besonders empfänglich (besonders neugierig) für bestimmte Fähigkeiten bzw. spezielle Funktionen einer Sache sind und diese mit Leichtigkeit lernen. Zunehmend fordert man deshalb heute, dass die Reifung eines Kindes und das Lernangebot zusammenpassen müssen (vgl. Roth 1968, S. 26). Wenn wir Erwachsenen im Alltag auf die Fragen und Interessen eines jeden Kindes achten, so können wir die einzelnen sensiblen Phasen erkennen. Und wir werden erkennen, dass Entwicklung sich oft in Schüben vollzieht, nicht geradlinig. Es scheint uns dann, als könne das Kind auf einmal laufen, sprechen, lesen oder schreiben. Denn ein Kind zeigt häufig eine neue Fähigkeit explosionsartig, ohne dass wir zuvor detailliert mitbekommen haben, welche Lernschritte dem vorangingen.

Die sensiblen Phasen lassen sich am Beispiel der Sprache gut verdeutlichen: Innerhalb der ersten Lebensjahre lernt ein Kind die gesamte Muttersprache mit ihrer komplexen Grammatik, ohne eine einzige Unterrichtstunde dafür erhalten zu haben. Kinder lernen die Sprache ohne große Anstrengung, mit Ausdauer und Aufmerksamkeit, und indem sie die Regeln selbst erkennen. Später lernt man nie mehr so leicht eine Sprache wie im Kindesalter. Interessant ist, dass kleine Kinder anfangs sogar befähigt sind, jede Sprache dieser Erde zu erlernen. Erst durch das häufige Hören bestimmter Phoneme findet eine Art Spezialisierung statt, und allmählich verliert sich die Fähigkeit, alle Sprachen zu erlernen.

Auch im oben genannten Beispiel, wo das vierjährige Mädchen sich sehr konzentriert mit den Einsatzzylindern beschäftigte und seine Aufmerksamkeit auf das Einfügen der jeweiligen Holzzylinder in die entsprechende Öffnung richtete, lernte das Kind die Basis der Mengenlehre und der Strukturmathematik (Kardinalzahlen und Ordinalzahlen, vgl. zum didaktischen Wert der Montessori-Materialien Kap. 5) – natürlich ohne diese Begriffe zu kennen. Seine Sensibilität ist zwar hier nicht auf das Erlernen komplizierter mathematischer Zusammenhänge gerichtet, sehr wohl aber auf die Wahrnehmung mathematischer Grundstrukturen, die Vorschulkinder mit ihrem ganz eigenen Ordnungssinn erforschen. Diese Sensibilität für Ordnungen zeigen Kinder ebenso beim Sortieren von Steinen (nach Größe oder Farbe etc.) oder wenn sie die numerischen Stangen des Montessori-Materials der Länge nach sortieren und dabei die Mengenunterschiede von 1 bis 10 entdecken (vgl. Kapitel 5.3.5).

Hat ein Kind aber nicht die Möglichkeit gehabt, bestimmte Erfahrungen innerhalb seiner sensiblen Phasen zu machen, so versäumt es, sich auf natürliche Weise eine bestimmte Fähigkeit anzueignen (vgl. Montessori 1980, S. 63). Weitere Errungenschaften können dann sehr wahrscheinlich nur noch mit reflektierender Tätigkeit, mit Anstrengung und Willenskraft vollbracht werden. Und das genau unterscheidet unsere Art des Lernens von der Art der Kinder: Wir erlernen Neues meistens mit großer Anstrengung und gehen dabei effektiv und zielorientiert vor. Kinder tun das nicht, für sie ist der Weg das Ziel. Sie lernen aus innerem Antrieb heraus, mit großer Neugierde, Hingabe und Freude.

Hindern wir Erwachsenen Kinder allerdings an dieser Entwicklungsarbeit, so wehrt sich das Kind und zeigt Launen. Zwar sind für uns Launen etwas, was keine erkennbare Ursache hat und uns unlogisch erscheint, Montessori hingegen stellte fest, dass viele dieser „Launen" einen tiefer liegenden Grund haben, zum Beispiel, wenn Kinder an ihren natürlichen Impulsen gehindert werden. So wollen Vorschulkinder am liebsten alles alleine ausprobieren, sie wollen selbst tätig sein. Wenn wir Erwachsenen ihnen jedoch die Schuhe binden oder ähnliche Arbeiten abnehmen, dann werden die Kinder ärgerlich, denn: wir nehmen ihnen damit wichtige Entwicklungsarbeit ab. Unsere Hilfe, so die Auffassung der Montessori-Pädagogik, darf also nicht darin bestehen, Kindern etwas abzunehmen, sondern es ihnen so zu zeigen, dass sie es zukünftig alleine machen können. Kinder wollen lernen und sich entfalten, sie wollen die Dinge selber tun und haben lediglich die Bitte an uns: *„Hilf mir, es selbst zu tun.“*

Folgende Besonderheiten und Fähigkeiten von Kindern lassen sich zusammenfassend nach den Beschreibungen Montessoris nennen:

- Kinder können sich sehr intensiv und konzentriert auf eine Sache einlassen (Polarisation der Aufmerksamkeit).
- Die Polarisation der Aufmerksamkeit ist ein Lernprozess, der die freie Arbeit als komplexe Lernsituation benötigt.
- Kinder sind aktive Beobachter und machen sich ihr inneres Bild von der Welt. Vor allem im ersten Lebensjahr sind sie sehr „offen" für ihre Umwelt, ihr Geist „absorbiert" die Umweltreize.
- Kinder lernen schnell, manchmal explosionsartig. Auf einmal haben sie eine Sache bzw. eine Funktion verstanden.
- Kinder lernen mit Leichtigkeit, sie sind nach konzentrierter Arbeit nicht ermüdet.
- Kinder beschäftigen sich mit Ausdauer mit einer Sache bzw. üben so lange, bis sie es können: kein Kleinkind beendet seine Übungen, bevor es laufen gelernt hat oder sprechen usw. Es klagt auch nicht über die Anstrengungen. Kinder nehmen sich die Zeit, die sie brauchen und denken nicht über Effizienz und Ziele nach. (Kinder lernen durch viele Wiederholungen.)
- Kinder lassen sich schnell begeistern und sie sind sehr neugierig. Die Neugierde kann man als eine der ersten intellektuellen Regungen des Menschen bezeichnen.
- Kinder lernen in kürzester Zeit sehr viel: So z. B. lernen Kinder die „Muttersprache" in den ersten Lebensjahren mit ihrer vollständigen Grammatik, ohne belehrt worden zu sein.
- Kinder lernen über viele Wahrnehmungskanäle, über alle Sinne: Anhand vieler Sinneserfahrungen erschließt sich ein Kind von Geburt an die Welt und sein Verstand erweitert sich (vgl. Holstiege 1991, S. 44). Damit zeigen sie von Geburt an „vernünftige" Betätigungen und sind von Geburt an aktive Wesen.
- Die motorische Entwicklung ist Voraussetzung für die geistige Entwicklung. Viele Aktivitäten der Vorschulkinder stellen eine Übung zur Verfeinerung der Bewegungen dar. Sie üben, ihre Hände zu öff-

nen und zu schließen, sich im Raum zu bewegen, zu balancieren und das Gleichgewicht zu halten und vieles mehr.

- Kinder begreifen viel über das Greifen: Die Hand und ihre Funktionen ist für die Entwicklung besonders wichtig, weshalb Kleinkinder die Bewegungskoordination der Hände (in Verbindung mit den Augen, die den Handbewegungen folgen) auf ganz natürliche Art oft üben.
- Um neue Erfahrungen zu machen, wird an frühere Erfahrungen angeknüpft. Lernen und Entwicklung vollziehen sich in aufeinander aufbauenden Schritten: Wer seine Hände nicht gut benutzen kann, der kann auch nicht richtig Schreiben lernen.
- Kinder erkennen Regeln ohne Unterrichtsstunde: So z. B. erkennen sie Ordnungsmuster, indem sie unterschiedliche Gegenstände nach Ordnungsprinzipien sortieren und durch genaue Beobachtung verinnerlichen sie die Sprache ihrer Umgebung.
- Kinder öffnen über verschiedene Phasen hinweg unterschiedliche „Lernfenster", d. h. sie zeigen mit voranschreitendem Alter unterschiedliche Empfänglichkeiten und Interessen. Wenn innerhalb dieser empfindsamen Zeiten keine adäquaten Antwortreize aus der Umwelt angeboten werden, fällt es schwer, dieses besondere Lerninteresse später nachzuholen.
- Das Kind und seine Fähigkeiten entfalten sich aufgrund seiner aktiven Auseinandersetzung mit der Umwelt. Erziehung ist für Montessori ein wechselseitiger dialogischer Prozess (vgl. Holstiege 1991, S. 42).
- Kinder lernen aus eigenem inneren Antrieb: drei- bis vierjährige Kinder wollen sich die Schuhe selber zu binden, sie wollen Stangen der Länge nach sortieren, sie wollen wissen, wie das heißt usw. Deshalb sind Kinder nicht auf unsere Belohnungen und Bestrafungen angewiesen, im Gegenteil, ihre Motivation kommt nicht von außen, durch Lob und Tadel, sondern von innen heraus.
- Die eigene Aktivität des Kindes ist die Basis seiner Entwicklung.
- Kinder lernen mit ihrem ganz eigenen Rhythmus, manche schneller, manche langsamer (jeder kindliche Bauplan, jede Entwicklung ist individuell).
- Kinder verfügen über eine Selbstregulierung bzw. Selbstorganisation
- Wir können nicht von vornherein die Lernziele für ein Kind festlegen, denn das Kind selbst wird uns seinen Weg zeigen.

Montessori ging es darum, die Entwicklung und die Möglichkeiten der Kinder besser zu verstehen, damit wir dementsprechend unsere pädagogischen Bemühungen nach den Bedürfnissen und Möglichkeiten der verschiedenen Alterstufen ausrichten können. Um zu erkennen, welche Angebote aus der Umwelt in einer bestimmten Phase für ein Kind von entscheidender Bedeutung sind, ist die unvoreingenommene Beobachtung des Kindes notwendig – eine Form ist die wissenschaftliche Forschung. Beobachtungen aus unterschiedlichsten wissenschaftlichen Perspektiven, der Entwicklungspsychologie, der Lernforschung, sowie Beiträge der Hirnforschung können wichtige Erkenntnisse für die Art, die Ausrichtung und den Zeitpunkt pädagogischer Bemühungen liefern.

Einige der neueren Erkenntnisse der Gehirnforschung möchte ich nachfolgend vorstellen, da sie einen wichtigen Beitrag zum Verständnis dessen leisten, was unter „Lernen" zu verstehen ist.

2.2 Wie Kinder lernen: Erkenntnisse aus der Hirnforschung

Seit der Antike gibt es bereits philosophische Erklärungsversuche darüber, was beim Lernen passiert und was Lernen eigentlich ist. Noch bis in die Achtziger Jahre des vergangenen Jahrhunderts verstand man den Lernprozess selbst als „black box", deren input und output man untersuchte. In jüngster Zeit jedoch bringen neuere wissenschaftliche Forschungen Licht in das Dunkel. Hierbei hat die Gehirnforschung interessante Beiträge geliefert. Mit Hilfe moderner technischer Abbildungsverfahren kann man heute sozusagen „dem Gehirn bei der Arbeit zuschauen" und erhält so wichtige Einblicke in den Prozess menschlicher Informationsverarbeitung, mithin in den Prozess des „Lernens". Wobei natürlich festzuhalten ist, dass das Gehirn nicht der alleinige Ort ist, wo „Lernen" stattfindet, vielmehr ist an diesem Prozess das gesamte Nervensystem, der ganze Mensch beteiligt. Dennoch gilt das Gehirn als die materielle Basis des menschlichen Geistes, seines Denkvermögens, seiner Vorstellungskraft und sämtlicher Körperkoordinationen. Während das Gehirn ein sehr bedeutsames Organ für den Menschen ist, wiegt es nur ca. 2 % des gesamten Körpergewichts (bei Säuglingen noch weniger), verbraucht aber etwa 20 % der Energie

(Säuglinge bis zu 40 %). Pro Sekunde verarbeitet das Gehirn (laut Spitzer) ca. 50 „Megabyte".

Das menschliche Gehirn verfügt über ca. einhundert Milliarden Nervenzellen (Singer 1992, S. 174), die Neuronen, die wiederum über so genannte Synapsen miteinander verbunden sind. Es gibt unterschiedliche Formen und Varianten solcher Neuronen, die allerdings bis heute längst nicht alle erforscht sind. Manche von ihnen haben bis zu zehntausend Verbindungen zu anderen Neuronen. Diese Synapsen werden über schwachen elektrischen Strom aktiviert bzw. nicht aktiviert. Die Art der Verknüpfungen und die zeitlichen wie räumlichen Erregungsabläufe zwischen den Neuronen machen die eigentliche Informationsverarbeitung aus. Eine interessante Erkenntnis der Neurowissenschaftler besagt, dass die Synapsen in „Übung" sein müssen, um Nachrichten genau und schnell zu übermitteln. Sie müssen häufiger aktiviert werden – geschieht das nicht, bilden sie sich im Laufe der Zeit zurück. D. h., dass das menschliche Gehirn ein außerordentlich wandelbares Organ ist, das sich der Zahl und Art der eintreffenden Reize anpasst und sich selbst organisieren kann.

Schon seit längerer Zeit weiß man, dass die unterschiedlichen im Gehirn eintreffenden Reize in verschiedenen Funktionsbereichen verarbeitet werden. Es gibt sensorische Zentren, in denen wir die Berührungsreize der Haut und die Reize über die Stellung der Gelenke und der Muskulatur wahrnehmen. Und in den motorischen Zentren werden alle unsere Bewegungen wie Greifen, Gehen usw. gesteuert. Ferner gibt es Zentren für das Sehen, das Hören und das Sprechen. In solchen Bezirken werden Impulse aufgenommen (hier ist das Gehirn im Moment der Reizaufnahme aktiv) und von dort über Nervenverknüpfungen auf weitere Bereiche des Gehirns weitergeleitet und gespeichert. Interessant ist nun die Erkenntnis, dass die unterschiedlichen Funktionsbereiche miteinander vernetzt sein *müssen*, damit Sinneseindrücke adäquat verarbeitet werden können. Das Gehirn arbeitet als „Ganzes", denn die verschiedenen Nervenverbindungen stellen eine Art Netzwerk dar, das nur geordnet funktioniert. Der Wissenschaftler Gerhard Roth vergleicht dieses geordnete Funktionieren des Gehirns mit unserem Sprachsystem (vgl. Scheunpflug 2001, S. 75): Jede einzelne Nervenaktivität ist vergleichbar mit einem Buchstaben, der für sich alleine keine weitere Be-

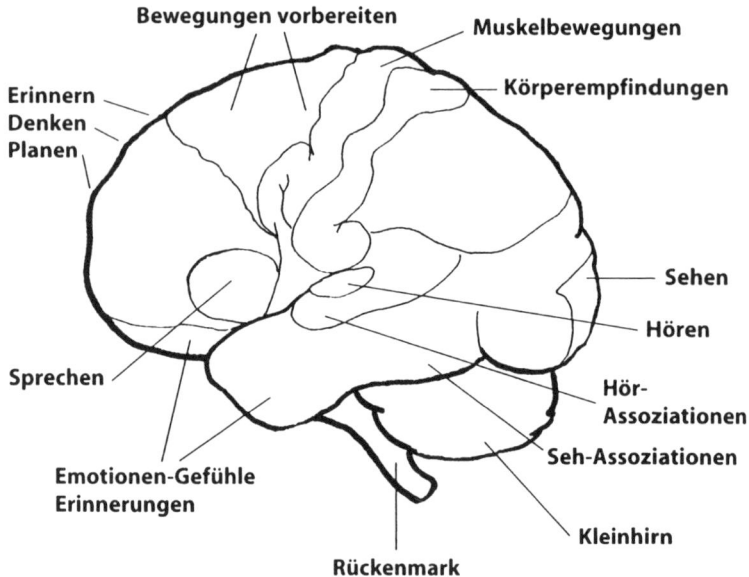

Areale und Funktionen der Hirnrinde: Die Funktionsareale der Hirnrinde haben keine scharf umschriebenen Grenzen. Die Aufgaben sind in den Arealen schwergewichtig verteilt, die verschiedenen Regionen arbeiten jedoch in der Gesamtheit des Netzwerkes des Gehirns in Verbindung mit den Körperfunktionen (Abb. aus: Herschkowitz 2002, S. 15).

deutung hat. Erst durch das Zusammenfügen von Buchstaben zu Silben, Wörtern und Sätzen erhalten sie einen Sinn. Zu solchen dreidimensionalen Informationsverarbeitungsprozessen ist der Computer nicht fähig.

Wie entwickeln sich nun diese außerordentlich komplizierten neuronalen Netzwerke? Und – in unserem Zusammenhang im Bezug auf kindliche Lernprozesse interessant – was beeinflusst ihre Entwicklung?

Neugeborene verfügen bereits über die gesamte Anzahl der Neuronen im Gehirn. Und mit der Geburt sind die Sinnesorgane in der Lage, Signale aus der Umwelt aufzunehmen und an die Neuronen weiterzuleiten. Diese Aufnahme von Sinnessignalen ist die Voraussetzung dafür, dass sich die Neuronen miteinander verknüpfen, d. h. Synapsen bilden. Insofern kann man davon sprechen, dass sich das Gehirn der Säuglinge zu Beginn in einer Art „Rohbau" befindet: alle Voraussetzungen zur Ausbildung der neuronalen Netzwerke sind bereits vorhanden. Es beginnt der aktivitätsabhängige Entwicklungsprozess des Gehirns. Im Laufe der Zeit verknüpfen sich – aufgrund unterschiedlichster Erfahrungen, Sinneswahrnehmungen und oft wiederholter Handlungen (Bewegungsabläufe) – die Neuronen. Jedes Gehirn organisiert seine ganz eigene „Architektur", sein Profil. Die Vernetzung geschieht, wie oben bereits erwähnt, durch Synapsenbildungen – und die sind besonders intensiv in den ersten sechs Lebensjahren zu beobachten. In dieser Phase ist das kindliche Gehirn ausgesprochen aktiv.

Nie mehr wird das Gehirn so viele Verknüpfungen herstellen, auch wenn das menschliche Gehirn ein Leben lang beweglich und veränderbar bleibt. Mit zunehmendem Alter nehmen die Verknüpfungen wieder ab und das Gehirn „spezialisiert" sich. D. h. die Basis für das menschliche Lernen und Verhalten wird in den ersten Lebensjahren gelegt, weshalb hier vielseitige, ausgewogene Wahrnehmungserfahrungen notwendig sind.

Jede Berührung, jede Bewegung, jeder Sinneseindruck fördert die Verknüpfungen der Neuronen (Synapsenbildung) und die Bildung neuronaler Netzwerke im Gehirn. Es braucht viele Sinneseindrücke (sinnlich ist sinnvoll) und viele Bewegungen (greifen führt zum Be-greifen, fassen zum Er-fassen), um Synapsen zu schließen. Aufgrund eines eigenen inneren Antriebs, der bei Kindern festzustellen ist, wird ein Kind buchstäblich in die Auseinandersetzung mit der Umwelt getrieben (vgl. Holler 1989, S. 176). Lernen ist demnach ein aktiver Prozess, der Tag und Nacht geschieht, ununterbrochen, er hört nicht auf. Allerdings, so wird immer deutlicher, scheint sich dieser Prozess nicht geradlinig, nicht kontinuierlich zu vollziehen. In den ersten drei Lebensjahren, so konnten Hirnforscher zeigen, organisiert sich das Gehirn – alle paar Wochen – reifungsbedingt abrupt und fundamental um. Ist diese Umorganisation überstanden, zeigt das Kind „plötzlich" neue Lernformen, verbesserte Wahrnehmungsformen und neue Fähigkeiten – auch wenn vorher „Rückschritte" zu beobachten waren (ein Kind kann z. B. auf einmal seine Schuhe nicht mehr alleine zubinden, obwohl es zuvor bereits dazu der Lage war) (vgl. Haug-Schnabel/Bensel 2004, S. 5f.).

Lernprozesse verlaufen nicht linear, sondern haben offensichtlich die Struktur eines „Regelkreises": Damit die Gehirnreifung angeregt wird, sind entsprechende Reizerfahrungen notwendig (Antwortreize aus der Umwelt). Haben sich aufgrund dieser Erfahrungen die dafür zuständigen Gehirnareale verändert, sind wiederum weitere, neue Erfahrungen möglich (neue Umweltreize werden gesucht). D. h., in der Regel folgen nach der Aufnahme und Verarbeitung von Reizen und Informationen Reaktionen in der Bewegung, im Verhalten, die zu neuen Erfahrungen führen. So nehmen bereits Säuglinge nicht nur Reize aus der Umwelt auf, sondern sie verarbeiten diese Eindrücke, indem sie daraus Regeln ableiten: Sie hören z. B. Lautfolgen wie „Ta-ta-te" und erkennen schnell, dass „we-we-wu" die gleiche Struktur hat (vgl. Pauen 2003). Säuglinge und Kinder erstellen sich so „Hypothesen", die sie durch weitere Beobachtungen in ihrer Umwelt überprüfen, bis sie ein Ergebnis finden. So konstruieren sie im Dialog mit der Umwelt und ihren Reizen ihr eigenes (inneres) Bild von der Welt.

Eine weitere Erkenntnis der Gehirnforschung in Bezug auf den Verlauf von Lernprozessen besagt, dass Kinder selektiv Eindrücke aus ihrer Umwelt wahrnehmen und verarbeiten: Das Gehirn lässt nur die Reize aus der Umwelt hinein, für die das Gehirn auch bereit bzw. reif ist. Die selektive Aufmerksamkeit richtet das Interesse auf einen bestimmten und begrenzten Ausschnitt aus der Umwelt (wie einen „Scheinwerfer"). Man spricht von so genannten „Lernfenstern" oder sensiblen Entwicklungsphasen. Dass es günstige Entwicklungsphasen z. B. für den Erwerb motorischer Fertigkeiten gibt, ist eine Alltagserfahrung: so haben Erwachsene, die nicht als Kind das Rad fahren erlernt haben, beim Lernen in höherem Alter größere Schwierigkeiten. Auch am Beispiel der Ausbildung der Funktion des Sehens können Hirnforscher deutlich aufzeigen, dass es Zeiten gibt, in denen das Gehirn auf ganz spezifische Antwortreize aus der Umwelt angewiesen ist, um sich weiter zu entwickeln. Es gibt eindeutige Phasen für das Ausbilden der Sehfunktion, und zwar vor dem Schulalter (Singer 2003, S. 71).

Und es hat sich herausgestellt, wenn Wissen in verschiedenen Zusammenhängen gelernt wird, so wird es im Gehirn auch in verschiedenen Arealen (mehreren „Schubladen") abgespeichert und kann so besser auf Neues übertragen werden.

Ein wichtiger Indikator für den Eintritt in eine solche „sensible Phase" ist das Interesse der Kinder (an einem Gegenstand, einer Sache, einer Bewegung), denn das zeigt indirekt, was ihr Gehirn gerade lernen kann und will. Im Limbischen System, in der Mitte unseres Gehirns, erwachen unsere Gefühle und hier wird entschieden, ob das Erlebte für uns relevant ist und abgespeichert werden soll oder nicht. Lernen hängt von Anfang an eng mit unseren Gefühlen zusammen: Aufregung kann dazu beitragen, dass wir etwas besser behalten und zu viel Angst blockiert das Gehirn (verlangsamt die Neuronenaktivität), weil Stresshormone ausgeschüttet werden. Also nicht Fakten und Daten reizen zum Lernen, sondern Emotionen: Schon Johann Amos Comenius (der „Vater" der Didaktik, 1592–1670) meinte: „Alles, was beim Lernen Freude macht, unterstützt das Gedächtnis."

Auch was die Motivationspsychologie schon länger behauptet, dass die so genannte intrinsische Motivation, also die Motivation, die von innen heraus kommt, die wirklich wirksame Motivation darstellt, findet ihre Antwort in den Gehirnaktivitäten. Das Gehirn verfügt über ein eigenes Belohnungssystem: Menschen sind somit von Natur aus motiviert. Ein Ereignis, das zu einem guten Resultat führt, sorgt für die Freisetzung endogener Opioide im Frontalhirn (der Dopaminspiegel steigt). Diese opiatähnlichen Stoffe sorgen dafür, dass man sich gut fühlt und regen gleichzeitig Gehirnareale an, in denen das Gelernte besser abgespeichert wird. Dieses Wohlgefühl möchte der Mensch gerne wiederholen.

Die hier exemplarisch vorgestellten Erkenntnisse aus der Hirnforschung machen deutlich, dass unser bis heute vorherrschendes Verständnis von kindlichem Lernen neu überdacht werden muss. Lernen ist neueren wissenschaftlichen Erkenntnissen zufolge ein lebenslanger Prozess, der einerseits von der kindlichen Reifung, seinen natürlichen, mitgebrachten Bedingungen und andererseits von sinnvollen, entwicklungsangemessenen Umwelteinflüssen abhängt. Zwischen diesen Faktoren (den natürlichen Anlagen, reifungsbedingten individuellen Möglichkeiten und den Umweltreizen) müssen Interaktionen stattfinden, damit sich die individuelle Persönlichkeit mit unterschiedlichen Fähigkeiten entwickelt. Somit können wir Lernen nicht mehr als einen vorwiegend unabhängigen, linearen Prozess betrachten, sondern als einen interaktionalen, kreisförmigen Prozess: Das Kind ist in seiner Umgebung aktiv, konstruiert sich mit seinem ihm zur Verfügung stehenden Mitteln ein Bild von der Wirklichkeit, von der Welt und für diese „Selbst-Bildung" braucht ein Kind Anregung und Dialog mit der Umwelt, mit anderen Kindern und Erwachsenen.

2.3 Im Doppelblick: Maria Montessoris Menschenbild und neurowissenschaftliche Erkenntnisse

Ohne der grundsätzlichen Frage, inwieweit Montessoris anthropologische Grundannahmen heute durch wissenschaftliche Untersuchungen belegt werden können, in ihrer Tiefe gerecht werden zu können, möchte ich hier zumindest auf einige Gemeinsamkeiten zwischen dem Entwicklungs- und Lernverständnis der Montessori-Pädagogik und den Erkenntnissen zum menschlichen Lernen aus Sicht der modernen Gehirnforschung aufmerksam machen.

Wie oben (Kap. 2.1) dargestellt, bezeichnete Montessori Kleinkinder als beseelte, als lernfähige Wesen. Schon sieben Monate alte Kinder zeigten für sie „vernünftige Betätigungen". Eine Auffassung, die durch die Erkenntnisse der Gehirnforschung bestätigt wird, dass Kinder bereits bei ihrer Geburt über alle Neuronen im Gehirn verfügen und sich mit rasanter Geschwindigkeit viele Verbindungen zwischen diesen Neuronen herstellen (Synapsen bilden): Aktivitäten und Erlebnisse der Kleinkinder haben Auswirkungen auf die „Architektur" des

Gehirns. Montessoris Bild vom kompetenten Kind findet hier eine Bestätigung.

Auch Montessoris Auffassung von der besonderen Lernfähigkeit der Vorschulkinder kann durch Ergebnisse der Hirnforschung bestätigt werden. Moderne Untersuchungen belegen, dass Vorschulkinder weitaus mehr lernen könnten, als man ihnen allgemein zutraut, sofern man ihnen entwicklungsangemessene Angebote macht.

Montessori trat dafür ein, dass erst die Erziehung der Sinne (einschließlich dem Muskelsinn), dann erst die Erziehung des Verstandes kommen solle (Montessori 1946, S. 94). Auch dies eine Auffassung, die aus neurowissenschaftlicher Perspektive sinnvoll erscheint. Denn in den ersten Lebensjahren, so zeigt sich, werden die Nervenzellen und ihre Verknüpfungen durch sensomotorische Reize aktiviert. Die Bewegungen und die Sinneseindrücke spielen also dabei eine maßgebliche Rolle. Ohne Bewegung und ohne sinnliche Reize werden keine Synapsen gebildet und stehen bei späteren Denkprozessen auch nicht zur Verfügung. Wie Montessori bereits vermutete, bilden die kindlichen Bewegungen und die selbstgemachten, sinnlichen Erfahrungen eine wichtige Grundlage für die Strukturierung des Gehirns, für spätere kognitive Erfahrungen. In diesem Sinne scheint Montessoris Auffassung, dass ältere Kinder abstraktes Wissen leichter verstehen, wenn sie dieses mit früheren konkreten, sinnlichen Erfahrungen verbinden können, bestätigt und der Einsatz des klassischen Montessori Sinnesmaterials durchaus förderlich (so bereitet der Aufbau des rosa Turms, einem klassischen Montessori-Sinnesmaterial, schon im Vorschulalter auf das spätere Potenzrechnen vor. Bei der Arbeit mit den rosa Würfeln können bereits dreijährige Kinder – ohne die Begriffe dafür zu kennen – sinnlich die ansteigende Größe der Potenzen fühlen und sehen, vgl. Kap. 5.3.3).

Wie Montessori geht auch die Hirnforschung davon aus, dass wir nicht alles zu jeder Zeit lernen können, sondern dass es bestimmte Lernphasen gibt, *Lernfenster* oder in Montessoris Worten: *sensible Phasen,* in denen das kindliche Interesse wie eine Art „Scheinwerfer" auf eine bestimmte Sache in der Umwelt konzentriert ist und die das Kind hier mit Leichtigkeit lernen kann. Andererseits bedeutet dies auch, dass Kinder zu diesen Zeiten spezielle Reize benötigen – Antwortreize aus der Umwelt, in den Worten der Hirnforschung – bleiben diese Antwortreize aus[1], kann es zu Fehlentwicklungen kommen. Das entwicklungsange-messene Lernen hat also schon ab der frühen Kindheit Einfluss auf den weiteren Bildungsweg. Ob allerdings Montessoris Einteilung der sensiblen Phasen bei der menschlichen Gehirnentwicklung ihre zeitliche Entsprechung haben, ist bisher nicht wissenschaftlich erforscht.

Montessori geht nicht nur vom kompetenten Kind aus, sondern vom grundsätzlich „lernhungrigen" Kind. Kinder brauchen keinen Zwang, sie wollen freiwillig lernen, ihren Erfolg bzw. ihre Fehler selbstständig überprüfen. Heute spricht man von der Bedeutung der „intrinsischen Motivation". Belegt ist, dass sich das Gehirn selbst „belohnt", durch die Ausschüttung bestimmter Stoffe, die dem Menschen ein Wohlgefühl bereiten. Montessori beschrieb immer wieder dieses „Wohlgefühl", wie zufrieden die Kinder nach einer „großen Arbeit" mit einem Material sind, dass sie keine Motivation, keine Belohnung und Bestrafung von außen brauchen.

Ferner erkannte Montessori die Notwendigkeit, eine Übung oft zu wiederholen. Ihrer Meinung nach sollten Kinder die Übungen sogar so oft wiederholen, wie sie es wollen, denn nur so könne ein Kind eine neue Fertigkeit, neues Wissen verinnerlichen und somit langfristig lernen. Die Übungen sollten Querverbindungen zu weiteren Erfahrungen in der kindlichen Umwelt ermöglichen. Ein vierjähriges Kind entdeckt beispielsweise zuerst die blaue Kugel, den Quader usw. als geometrischen Körper und sucht in späteren Übungen in seiner Umgebung nach vergleichbaren Körpern. Montessoris Plädoyer für vielfältige Wiederholungen korrespondiert der Befund der Hirnforschung, dass im Gehirn nur die Synapsen bestehen bleiben, die häufiger genutzt werden. In der „Architektur" des Gehirns bleibt nur das bestehen, was sich bewährt, und das, was sich nicht bewährt, wird wieder abgebaut. Je mehr Querverbindungen ein solches Netzwerk hat, desto besser kann es neue Erfahrungen und Informationen integrieren. Lernen ist hiernach ein sich selbst verstärkender Prozess. Das Dazulernen fällt um so leichter, je mehr man bereits weiß (vgl. Friedrich/Bordhin 2003).

---

[1] Unter anderem zeigen so genannte Kasper-Hauser-Kinder, Kinder, die ohne menschliche Zuwendung und ohne menschliche Erziehung aufwuchsen, dass bestimmte Fähigkeiten, wie das Laufen lernen und Sprechen lernen nicht in späteren Lebensjahren nachgeholt werden können. Solche Kinder waren entwicklungsmäßig auf einer frühkindlichen Stufe stehen geblieben, weil bestimmte notwendige Umweltreize ausgeblieben waren. Vgl. Scheunpflug 2001, S. 53.

Fasst man die Erkenntnisse zusammen, die sich aus dem Entwicklungs- und Lernverständnis der Montessori-Pädagogik und den Erkenntnissen zum menschlichen Lernen aus Sicht der modernen Gehirnforschung ergeben, kann man folgende Schlussfolgerungen ziehen: Es reicht nicht aus, Kindern Einzelwissen zu vermitteln, ihnen Arbeitsblätter und Lehrbücher anzubieten, es reicht nicht aus, einer Gruppe Gleichaltriger zur gleichen Zeit die gleichen Lernangebote zu machen, es reicht auch nicht aus, lediglich auf die Selbstbildung eines Kindes zu vertrauen. Vielmehr brauchen Vorschulkinder eine kindgerechte, lernanregende Umgebung, in der sie viele Übungsmöglichkeiten finden, aus denen sie auswählen können und wo sie selbstständig aktiv sein können. Erziehung ist als ein wechselseitiger dialogischer Prozess zu verstehen, der die selbstständige Entwicklungsarbeit des Kindes berücksichtigt.

2.4 Die Basis für das Lernen: Die menschlichen Sinne

Wie oben dargelegt, richtet die Montessori-Pädagogik besonderes Augenmerk auf die Entwicklung der Sinne – bestätigt durch Erkenntnisse der Hirnforschung, dass die Sinne und die Bewegungen maßgeblich an dem Aufbau neuronaler Verknüpfungen im menschlichen Gehirn beteiligt sind und somit eine wichtige Rolle für das Lernen und die intellektuelle und persönliche Entwicklung spielen.

Die verschiedenen Sinne entwickeln sich bereits im Mutterleib: Der Tastsinn bildet sich als erstes heraus. Der Gleichgewichtssinn und das Hören funktionieren schon nach wenigen Monaten der Schwangerschaft und zuletzt entwickelt sich das Sehen (Zimmer 1995, S. 52). Ab der Geburt sind die Sinne funktionsfähig. Wir müssen innerhalb der frühkindlichen Erziehung also nicht die Sinne funktionstüchtiger machen, sondern es kann nur darum gehen, ihre Sensibilitäten zu verfeinern, was auch das Ziel der Montessori-Sinnesmaterialien ist.

Landläufig reden wir von den fünf Sinnen des Menschen, doch heute geht man davon aus, dass weitaus mehr „Sinne" an der Sinneswahrnehmung beteiligt sind. So nennt Renate Zimmer (1995, S. 57): Gesichtssinn (Sehsinn), Gehörsinn, Geruchssinn, Geschmackssinn, Berührungs- und Drucksinn, Temperatursinn, Spannungssinn, Kraftsinn, Lagesinn,

Schmerzsinn, Stellungssinn, Drehbewegungssinn, Organempfindungssinn.

Schon vor vielen Jahrzehnten benannte Maria Montessori neben den fünf klassischen Sinnen (Hören, Sehen, Riechen, Tasten, Schmecken), einen Gewichtssinn, einen Wärmesinn, einen Muskelsinn und einen Ordnungssinn (der uns auf die Mathematik vorbreitet). Die so genannten Sinnesmaterialien sind darauf abgestimmt, all diese menschlichen Sinne (über verschiedene Bewegungen) zu schulen und zu verfeinern.

Montessori erkannte, dass sich die Sinne bei den Kindern nicht einzeln entwickeln, sondern sie betonte unter anderem die Bedeutung der Augen-Hand-Koordination. In der Tat scheint sich die alte Vorstellung, dass die Sinne sich zuerst einzeln entwickeln und sich dann zunehmend miteinander koordinieren, sich also der Entwicklungsprozess vom Teil zum Ganzen vollzieht, im Alltag der Kinder nicht zu bewahrheiten. Laut Dornes (1996, S. 43) sind Säuglinge von Geburt an fähig, Sinneswahrnehmungen miteinander zu koordinieren (kreuzmodal wahrzunehmen), sie können z. B. einen genoppten Schnuller, den sie vorher im Mund gefühlt haben, später mit ihren Augen von einem Schnuller ohne Noppen unterscheiden. Das spricht für die Auffassung, dass ursprünglich Ganzheiten wahrgenommen werden, die im Laufe der Entwicklung erst ausdifferenziert werden. Demnach verläuft der Entwicklungsprozess vom Ganzen zum Einzelnen.

Auch Montessoris Sinnesmaterialien bieten Vorschulkindern zwar die Möglichkeit, einzelne Sinne zu verfeinern, doch durch das Bilden von Paaren oder das Hineinstecken eines Gegenstandes in eine entsprechend große Öffnung oder das Nachfahren eines metallenen Einsatzes (vgl. Kap. 5.3.3) ist z. B. auch der Gesichtssinn (Augen-Hand-Koordination) immer mit angesprochen. Und die Sinnesmaterialien dienen der Unterscheidung verschiedener Eigenschaften, die wiederum miteinander in Beziehung gesetzt werden. Damit setzte auch Montessori voraus, dass die kindlichen Sinne bereits funktionstüchtig sind und sich durch Übungen nicht entwickeln, sondern ausdifferenzieren sollten.

Lassen Sie uns die von Montessori beschriebenen Sinne näher betrachten:

Der Gesichtssinn: Hierüber kann der Mensch optische Reize aus der Umwelt wahrnehmen (z. B. einen Gegenstand sehen, ihn aus der Fülle anderer Gegenstände wiedererkennen, nach ihm greifen). Es lassen sich verschiedene Bereiche des Gesichtssinns unterscheiden (vgl. ausführlich Zimmer 1995, S. 69ff.):

Auge-Hand-Koordination: Hier geht es darum, Bewegungen des Körpers mit dem Sehen zu koordinieren. Wenn ein Kind nach einem Gegenstand greift, müssen die Hände durch das Sehen gesteuert werden.

Figur-Grund-Unterscheidung: Die Umwelt bietet eine ungeheure Vielzahl an Reizen. Einzelne Reize erregen jedoch unsere Aufmerksamkeit mehr als andere. Diese nehmen wir als Figur deutlicher wahr, während alles andere im Hintergrund unschärfer wird.

Wahrnehmungskonstanz: Wir können einen bestimmten Gegenstand trotz unterschiedlicher Blickwinkel, die wir einnehmen, anhand seiner konstanten Größe, Form oder Lage visuell identifizieren.

Farbwahrnehmung: Visuell können wir die verschiedenen Farben unterscheiden. Im ersten Lebensjahr scheint ein Kind am stärksten Rot und Gelb zu unterscheiden und benennt in der Regel auch als erstes Rot und Gelb. Zunehmend nimmt es dann auch das Farbspektrum der anderen Farben wahr, zuletzt differenziert es das Farbspektrum von Blau und violett. Mädchen scheinen eine höhere Farbsensibilität zu haben als Jungen.

Formwahrnehmung: Hier ist die Fähigkeit angesprochen, Formen zu unterscheiden und gleiche Formen einander zuordnen zu können, z. B. Paare zu bilden oder einen Gegenstand mit einer bestimmten Form in eine entsprechende Öffnung zu stecken. Bereits Zweijährige machen solche Steckübungen mit einfachen geometrischen Formen.

Raumlage: Damit ist unsere Fähigkeit gemeint, Dinge im Raum in Beziehung zu uns wahrzunehmen. Wir nehmen wahr, ob sich ein Gegenstand vor, hinter, über oder seitlich von uns befindet.

Räumliche Beziehungen: Über die Raumlage hinaus, kann ein Kind (der Mensch) auch die Lage mehrerer Gegenstände im Raum nicht nur zu sich selbst wahrnehmen, sondern auch die Raum-Lage dieser Gegenstände untereinander. Wenn also ein Kind verschieden lange Stangen der Größe nach sortieren will, muss es zum Einen die Raum-Lage der Stangen zu sich selbst erkennen und zusätzlich die Lage der Stangen untereinander.

Gesehenes erinnern: Symbole, Zahlen, Buchstaben und andere Eindrücke, die man gesehen hat, müssen auch richtig erkannt werden, damit man sie zuordnen kann. Solche Erinnerungen von Gesehenem (das visuelle Gedächtnis) ist eine wichtige Voraussetzung für die gesamte kognitive Entwicklung.

Der Gehörsinn: Über diesen auditiven (akustischen) Sinn können wir Töne, Klänge und Geräusche wahrnehmen. Das Hören ist eine grundlegende Voraussetzung für das Lernen der Sprache. Das Organ zum Hören, das Ohr, gilt als ein sehr kompliziertes Organ. Es kann leise Töne hören, sehr lauten Geräuschen standhalten und aus einer Fülle von Tönen einzelne selektiv herauserkennen (im Orchester z. B. einzelne Instrumente wahrnehmen). Auch hier lassen sich verschiedene Bereiche unterscheiden:

Auditive Aufmerksamkeit: Das ist die Fähigkeit, sich auf bestimmte Geräusche, hörbare Reize, konzentrieren zu können.

Auditive Figur-Grund-Unterscheidung: Auch bei den Geräuschen kann man einzelne Töne, Geräusche oder Klänge genauer wahrnehmen, während die anderen im Hintergrund verblassen. Im lauten Raum kann beispielsweise so ein Kind trotzdem die Stimme der Mutter erkennen.

Lautunterscheidung: Hiermit ist die Fähigkeit angesprochen, Laute und Töne hinsichtlich ihrer Ähnlichkeiten und Unterschiede unterscheiden können. Kinder können so den Klang der verschiedenen Buchstaben wie k und g oder b und p unterscheiden.

Auditive Lokalisation: Sie bezieht sich darauf, dass wir erkennen können, von wo ein Geräusch kommt, es räumlich einordnen können.

Gehörtes erinnern: Gehörtes muss, wie Gesehenes, gespeichert werden, damit es wiedererkannt werden kann.

Gehörtes inhaltlich einordnen: Das Gehörte können wir erst verstehen, wenn wir es einem Sinn zuordnen können. Es reicht nicht, das Klingeln der Haustüre zu hören, sondern es muss auch seine Bedeutung (jemand steht vor der Haustüre) erkannt werden.

Der Geruchssinn: Über unsere Nase nehmen wir die unterschiedlichsten Gerüche wahr. Häufig wecken sie bestimmte Gefühle, sie scheinen in unserem Gedächtnis tief verhaftet zu sein. Der Geruch von frischgebackenem Kuchen weckt bei den meisten ganz persönliche Erinnerungen. Die Nase reagiert, wie der Geschmackssinn, auf chemische Reize. Sie ist ein sehr anpassungsfähiges Organ. In der Regel können wir deshalb z. B. nur etwa drei Parfümsorten hintereinander unterscheiden. Auch der Geruchssinn ist bereits nach der Geburt funktionsfähig. Verschiedene Bereiche lassen sich hier nicht unterteilen.

Der Geschmackssinn: Der Geruch- und der Geschmackssinn hängen zusammen. Unser Riechen unterstützt das Schmecken. Bei verstopfter Nase schmecken wir weniger. Über Geschmacksknospen auf der Zunge und in der Mundhöhle können wir chemische Stoffe wahrnehmen. Um etwas zu schmecken, müssen wir aktiv daran lutschen bzw. es im Mund hin und her schieben, damit aus dem festen Gegenstand, den wir zu uns genommen haben, ein chemischer Stoff wird. Etwa alle 10 Tage werden die Geschmacksnervenzellen erneuert. Kleine Kinder verfügen über leistungsfähigere Geschmacksnerven als Erwachsene, mit zunehmendem Alter nimmt die Leistungsfähigkeit des Geschmackssinns ab. Bereits ab ca. dem dritten Lebensmonat sind bei Ungeborenen die Geschmacksknospen ausgebildet. Neugeborene reagieren schon auf süße und salzige, wie auf saure und bittere Reize. Wie bei dem Geruchssinn lassen sich auch hier keine weiteren Bereiche unterscheiden.

Der Tastsinn: Hierunter fassen wir die Wahrnehmungen über die Berührungen zusammen. Über die Haut nehmen wir Berührungen von außen wahr. Die Haut stellt das größte sensorische Organ des Körpers dar. Bei Berührungen der Haut werden über kleine empfindliche Tastkörperchen winzige elektrische Signale erzeugt und mit Hilfe der Nervenbahnen ins Gehirn geleitet. Die meisten solcher Tastkörperchen befinden sich an den Händen und den Fingerspitzen sowie an den Fußsohlen. Die Hand ist also ein wichtiges Tastorgan, das wiederum gleichzeitig auch ein Werkzeug ist, mit dem wir die Welt erkunden. Das heißt, wir nehmen mit der Hand wahr und wir verändern mit ihr auch die Umwelt. Der Tastsinn entwickelt sich bei den Menschen vor allen anderen Sinnessystemen bereits nach ca. 8 Wochen (im Mutterleib) vom Kopf ausgehend den Körper herab. Nach der Geburt findet die erste Kommunikation zwischen Säugling und Umwelt über die Haut statt, sie ist lebensnotwendig. Folgende Bereiche können unterschieden werden:

Schmerzwahrnehmung: Hierüber nimmt die Haut durch Berührungen und Bewegungen wichtige Informationen aus der Umwelt wahr und gibt an, ob der Körper Schutz braucht, ob man einen weiteren Kontakt, der einen schmerzhaften Reiz auslöst, vermeidet.

(passive) Berührungen: Wir nehmen mechanische Reize, also Berührungen, passiv wahr, so z. B. fühlen wir, ob etwas rau oder glatt ist, oder auch ob es dreidimensional ist, welche Maße und welche Proportionen es hat.

(aktiver) Erkundungen: Neben diesen passiven Berührungen erfahren wir erst durch aktives Ausprobieren, welche Konsistenz ein Gegenstand hat.

Der Wärmesinn (heute als Temperatursinn bezeichnet): Wir besitzen die Fähigkeit wahrzunehmen, ob es kalt oder warm ist, und zwar beim Einatmen der Luft und auch über die Haut (als taktilen Reiz), so dass heute der Temperatursinn auch häufig als Unterbereich des Tastsinns betrachtet wird. Allerdings fühlen wir die Temperatur von Metall oder Holz oder anderem nicht wie ein Thermometer, sondern dabei spielt z. B. auch die Temperatur der Hand selbst eine Rolle. Eine kalte Hand fühlt beispielsweise einen kühlen Gegenstand nicht sofort als kühl.

Der Gewichtssinn: Diesen Sinn nennen wir heute meistens den Kraftsinn, der zu der so genannten kinästhetischen Wahrnehmung gezählt wird. Hierunter versteht man das Abschätzungsvermögen für das Ausmaß an Muskelkraft, welches man aufbringen muss, um eine Bewegung durchzuführen, und mit der man Gewichte von Gegenständen erkennen und unterscheiden kann.

Der Muskelsinn: Heute würden wir den Muskelsinn etwas erweitert als den so genannten propriozeptiven Sinn (propius = der eigene) oder als kinästhetischen Sinn bezeichnen. Letztlich ist damit die Tiefensensibilität gemeint, mit deren Hilfe wir z. B. auch im Dunkeln mit unserer Hand unseren Mund finden. Wir nehmen dadurch z. B. die Intensität unserer Muskelspannung wahr, wie auch durch unsere Gelenkstellung.

Der Ordnungssinn: Es ist ein Sinn, den Montessori besonders herausstellt. Insgesamt betont sie die Wichtigkeit der Ordnung für die Entwicklung des Menschen. Die Ordnung stelle für das Kind den Anreiz, eine Aufforderung zum Handeln dar und bilde so etwas wie den Boden, auf dem man steht. Im frühen Kindesalter zeigt sich schon deutlich der Sinn für Ordnung: Kleine Kinder entnehmen der Umwelt die Orientierungselemente, die es für weitere Entwicklungsschritte brauchen wird (Montessori 1980, S. 81ff.). Wenn sich z. B. ein Gegenstand nicht an seiner üblichen Stelle befindet, so bemerkt das ein zweijähriges Kind sofort und reagiert aufgeregt, weint, will dies wieder in Ordnung bringen (beispielsweise, wenn das Handtuch nicht, wie sonst immer, rechts am Haken hängt). Im weiteren Verlauf seiner Entwicklung beginnt das Kind nun Gegenstände nach verschiedenen Ordnungskriterien zu sortieren, Steine nach der Form oder der Farbe, nimmt dabei Mengen, ihre Mächtigkeit, lineare Topologien usw. wahr: Dabei wird die Bedeutung der Ordnung für die Mathematik (Geometrie, Algebra usw.) deutlich. Mit „Ordnung" ist hier also nicht eine äußere Annehmlichkeit gemeint, sondern mit dieser Fähigkeit, Ordnungsstrukturen in der Umwelt zu erkennen, kann ein Kind seine innere, geistige Ordnung entwickeln.

2.5 Der Prozess des Lernens: Lernfenster und sensible Phasen

Heute weiß man, dass die Bildung und die Erziehung um so wirksamer sind, je stärker sich die Pädagog(inn)en am Entwicklungsverlauf des Kindes orientieren (Haug-Schnabel/Bensel 2004, S. 9f.). Und genau hierfür hat sich Maria Montessori eingesetzt: Für eine Erziehung vom Kind aus.

Welches „Lernfenster" sich bei einem Kind jeweils gerade öffnet bzw. in welche „sensible Phase" es eintritt, erfahren wir letztlich nur, wenn wir jedes Kind sorgfältig beobachten und herausfinden, womit sich das Kind gerade beschäftigt. Der Neurowissenschaftler Wolf Singer meint: „Die Kleinen stellen stets die Fragen an die Welt, die ihrer Entwicklung angemessen sind." (zit. in Spiegel special 2003, S. 68)

Damit wir Kinder besser verstehen können, hat Montessori Kinder sehr genau beobachtet und ihre Erkenntnisse in ihren zwei bekannt gewordenen Büchern „Kinder sind anders" und „Das kreative Kind" ausführlicher dargestellt. Wie bereits oben (vgl. Kap. 2.1) beschrieben, entwickeln sich Kinder in so genannten sensiblen Phasen, in denen sie jeweils ein ganz besonderes Interesse für Dinge und Funktionen in ihrer

Umwelt zeigen. Bevor ich genauer auf die von Montessori beschriebenen sensiblen Entwicklungsphasen eingehe, möchte ich zunächst einige allgemeine Bemerkungen zu den Grundlagen kindlicher Entwicklung voranstellen:

- Das benannte Entwicklungsalter bei den einzelnen Kindern kann stark vom tatsächlichen Alter abweichen. Etwa zwei Drittel der Kinder weichen bis zu 1,5 Jahre von dem durchschnittlich angegebenem Entwicklungsalter ab.
- Es gibt eine große Entwicklungsvielfalt bei Kindern (Potenzen werden in unterschiedlichem Maße realisiert), da sie unterschiedliche Anlagen mitbringen, die auf verschiedene Umweltbedingungen treffen. Einige Kinder können z. B. sprechen bevor sie Laufen lernen, bei anderen verläuft die Entwicklung umgekehrt. Nicht alle Kinder müssen also einen identischen Entwicklungsverlauf in verschiedenen Entwicklungsbereichen zeigen.
- Auch die Entwicklungsverläufe innerhalb einzelner Bereiche, wie z. B. beim Laufen lernen oder bei dem Spracherwerb, können sehr unterschiedlich aussehen.
- Entwicklung verläuft nicht linear, sondern in Sprüngen, so wie sich ja auch das Gehirn im Kindesalter (und sogar im Jugendalter) immer wieder stark und teilweise abrupt verändert. Manchmal sind Kinder dadurch sehr verunsichert und zeigen Rückschritte innerhalb der Entwicklung und verlangen noch mal nach Hilfen, obwohl sie es eigentlich schon selber können.

Auch die Frage, ab wann wir bei Kindern von Fehlentwicklungen sprechen sollten, ist problematisch. Denn ist ein so genanntes Fehlverhalten eines Kindes wirklich ein Signal für eine Fehlentwicklung oder vielmehr für eine unangemessene Umwelt (und das scheinbare Fehlverhalten eine Überlebensstrategie)? Es müssen bei der Beantwortung dieser Frage die Entwicklungsmöglichkeiten des Kindes ebenso beachtet werden wie die Wechselwirkung zwischen den sich beeinflussenden Faktoren der Umwelt und den daran orientierten Strategien des Kindes (vgl. Haug-Schnabel/Bensel 2004, S. 6). Grundsätzlich gilt, dass sich Beobachtungen zur Entwicklung der Kinder nicht auf Mangelerscheinungen und Defizite konzentrieren sollten, sondern sich an positiven Entwicklungsschritten orientieren müssen.

Montessori verstand die angegebenen Altersstufen auch nur als grobe Einteilung und legte keinen Wert auf Vollständigkeit. Ihr war bewusst, dass Kinder sich sehr individuell entwickeln, mit ihrem ganz eigenen Rhythmus. Doch wird deutlich, dass sie einige Sensibilitäten und Lerninteressen der Vorschulkinder viel früher ansetzt, als wir es bis heute gemeinhin tun: So z. B. meint Montessori, Kinder zeigten bereits mit ca. vier Jahren erstes Interesse am Schreiben und schon kurz darauf für das Lesen, also bereits deutlich vor dem Schuleintritt.

Montessori untergliedert die Entwicklung vom Säugling zum Erwachsenen in vier aufeinander folgende Stufen, die jeweils ca. 6 Jahre andauern: von 0 bis 6 Jahre; 6 bis 12 Jahre; 12 bis 18 Jahre; 18 bis 24 Jahre. Die erste und die dritte Phase bezeichnet sie als labile, aufbauende Zeiten und die zweite und vierte Phase als stabile Phasen.

Das Kleinkindalter von 0 bis 6 Jahren

Es ist eine labile, schöpferische Zeit, in der das Kind die Grundlagen für die Intelligenz und seine Persönlichkeit anlegt. Für Montessori ist dieser Lebensabschnitt der wichtigste für das ganze Leben insgesamt. Von Geburt an beginnt das Kind, sich unbewusst seiner Umwelt anzupassen und dabei sich selbst aufzubauen.

In den ersten Lebensjahren nimmt das kleine Kind alles aus seiner Umgebung auf, saugt es auf, wie ein trockener Schwamm, was Montessori als absorbierendes Lernen bezeichnete: Gewohnheiten, Gefühle, Ablehnung, Liebe etc., alles wird über die verschiedenen Sinne (vermutlich relativ chaotisch) aufgenommen.

Mit ca. 3 Jahren beginnt das Kind ein „bewusster" Arbeiter zu werden und die bisherigen unbewussten Wahrnehmungen werden allmählich organisiert, verfeinert und bewusst eingesetzt.

In diesem Entwicklungsabschnitt können wir folgende Sensibilitäten feststellen, die wir als optimale Lernzeiten bezeichnen können, da Kinder hier ohne größere Anstrengungen bestimmte Fähigkeiten lernen können:

1. Sensible Phase der Bewegung

Säuglinge haben einen großen Bewegungsdrang und das bleibt sehr lange so. Kinder üben und erleben alles durch Bewegungen, nehmen ihre Umwelt in erster Linie körperlich wahr. Schließlich richten sie sich auf, um die ersten Schritte frei in die Welt hinein zu tun. Noch fühlen sie sich ganz eins mit der Welt. Erst durch ihre Bewegungen stellen Kinder zunehmend fest, dass ihre Handlungen etwas in der Welt verändern.

„Von großer Bedeutung für die Entwicklung des Kindes ist seine eigene spontane Bewegung. Das Kind kann nur aufpassen, wenn es sich bewegt." (Raapke 2001, S. 72)

Hier ein kurzer Überblick, was alles in den ersten Jahren an Bewegungsveränderungen zu beobachten ist:

	Handgeschick	Körperkontrolle
0–1 Jahr:	greift und lässt los; übt zwei Dinge zu nehmen; nimmt ein Ding von einer in die andere Hand; befühlt Dinge; schüttelt die Dinge;	sitzt und spielt alleine; Krabbelt alleine; setzt sich alleine auf; zieht sich zum Stehen hoch; kniet aufrecht; steht an Möbeln; ist aktiv beim Baden; verfolgt mit den Augen Gegenstände und untersucht mit den Augen seine Umgebung; Wendet den Kopf in Richtung aus der ein Geräusch kommt;
1–2 Jahre:	kritzelt auf Papier; baut kleinen Turm; zieht Kleidung aus; steckt Gegenstände in Öffnungen; öffnet Reißverschluss; winkt mit der Hand;	„Fußballschuss" ohne umzufallen; rennt einige Meter ohne hinzufallen; geht rückwärts; geht Treppe am Geländer hoch; klettert auf einen Stuhl;
2–3 Jahre:	schüttet um von einem in den anderen Becher; reiht Perlen auf; faltet Papier und Stoffe; malt Rundformen; steckt unterschiedliche Gegenstände in Öffnungen;	springt mit beiden Beinen von der Treppe; rennt ca. 15 Meter ohne hinzufallen; geht Treppe hinunter, setzt dabei den zweiten Fuß nach; springt über einen Strich; geht einige Meter auf den Fußballen;

	Handgeschick	Körperkontrolle
3–4 Jahre:	zieht Kleidung an; hält einen Stift mit Fingern; baut höheren Turm; knöpft auf und zu; schneidet mit kleiner Schere; schraubt und dreht Spielzeug;	geht frei die Treppe hoch und runter; fährt Dreirad; balanciert; steht auf einem Bein; trägt ein Wasserglas; schwingt beim Gehen die Arme;
4–5 Jahre:	kann Brot alleine schmieren; malt einfache Figuren; schneidet an einer Linie entlang; fädelt Faden in Nadel; kann Kreuz nachmalen;	hüpft auf einem Bein; „Weitsprung" aus dem Stand; kann seitlich über eine Linie springen (bis zu fünfmal);
5–6 Jahre:	fängt Ball; wirft Ball; wickelt einen Faden auf; malt Häuser, Bäume, Sonne; zieht sich selbstständig an;	läuft schneller; kann aus dem Stand ca. 20 cm hoch springen; hüpft mehrmals auf einem Bein; hüpft mit geschlossenen Füßen mehrmals über eine Linie;

Es ist wichtig und gut, wenn wir Erwachsenen Kindern viel Bewegung ermöglichen und Anreize zur Fortbewegung (auch für die Dimensionen von hoch und tief) bieten.

Indem kleine Kinder die Bewegungen der Erwachsenen während ihrer täglichen „Arbeiten" genau beobachten und nachahmen, verfeinern sie ihre Motorik: Sie machen gerne sauber, bügeln, waschen usw., denn so lernen sie diese Bewegungsabläufe und werden zunehmend unabhängiger von den Erwachsenen. Durch „Übungen des praktischen Lebens" aus der Montessori-Methode wird das kindliche Bedürfnis unterstützt (vgl. Kap. 5.3.1).

Auch wenn kleine Kinder manchmal passiv wirken, so sind sie doch in hohem Maße aktiv, da sie die Welt beobachten und alles in sich aufnehmen. Es ist eine intensive Zeit des Lernens, wo der kindliche Wissensdurst unersättlich ist und sie die Menschen ihrer Umwelt nachahmen. Ferner haben Kinder von etwa 1½ bis 4 Jahren ein besonderes Interesse an kleinen Gegenständen und entwickeln bereits eine Vorstellung von Zeit und Raum, sowie von Wahrheit und Wirklichkeit.

2. Sensible Phase für die Sprache:

In den ersten 6 Lebensjahren lernen Kinder mit großer Leichtigkeit und enorm schnell die Sprache. Mit etwa fünf Jahren verfügen sie bereits über einen Wortschatz von 5000 bis 26.000 Wörtern.

Bevor ein Kind das erste Wort sagt, hat es bereits sehr ausgiebig die Geräusche und Worte seiner Umwelt gehört und die dazugehörigen Lippenbewegungen intensiv beobachtet. Zum Spracherwerb gehören viele einzelne Schritte und man weiß heute, dass zwei Jahre alte Kinder von „gesprächigen" Eltern im Durchschnitt 295 Wörter mehr sprechen, als Gleichaltrige mit schweigsamen Eltern (vgl. Geo 1996, S. 51). Insgesamt ist in Deutschland festzustellen, dass jedes fünfte Kind im Alter von 4–6 Jahren leichte Sprechstörungen hat und jedes siebzehnte Kind sogar schwere Sprechstörungen. Vermutlich, weil man zu wenig (Fernsehen ist kein Ersatz) und auch zu undeutlich mit ihnen gesprochen hat, ihnen zu wenig vorgelesen hat.

Schon mit dem Training der Sinne und der Bewegungen setzt auch der Spracherwerb bei Säuglingen ein. In den ersten Wochen reagieren sie auf Geräusche, mit drei Monaten modulieren sie bereits selbstständig Laute, mit sieben Monaten plaudern sie bereits Silben und betonen lauter und leiser, bis sie im zweiten Lebensjahr sinnvolle Drei-Wort-Sätze sprechen.

In groben Zügen entwickelt sich die Sprache in folgenden Schritten:

0–1 Jahr:	In den ersten zwei Monaten gibt das Kind lange gurrende Laute von sich;
	schon vor dem sechsten Monat beginnen die Laute die Färbung der Muttersprache anzunehmen und Laute wie w, m, b kommen hinzu;
	Kind sieht Sprechende an;
	es spricht bereits „lallend" mit freundlichen Personen;
	zwischen dem sechsten und zwölften Monat verdoppelt es Silben und reagiert, wenn es gerufen wird, dann spricht es mit etwa einem Jahr erste klare Wörter; Gegenstände werden global in Tiere, Möbel, Fahrzeuge eingeteilt;
1–2 Jahre:	freut sich an Reimen und Liedern und befolgt einfache Aufträge („Gib mir", „Hole mir" usw.);
	es spricht Einwortsätze und hört beim Geschichtenerzählen zu;
	ahmt Tierstimmen nach;
	unterscheidet spezifische Kategorien, wie Hund, Katze, Maus;

2–3 Jahre:	Wortschatzexplosion; kann erste Tätigkeiten, Personen und Dinge benennen und verstehen; es beginnt zu zählen; sagt seinen Namen; bildet Drei-Wort-Sätze mit Subjekt, Prädikat und Objekt; erzählt Erlebnisse, benennt Gegenstände und Bilder;
3–4 Jahre:	Hier endet bereits die aufmerksame Phase der Kinder, in der sie die Grammatik der Sprache erkennen; der Wortschatz erweitert sich auf 250–3000 Wörter; Es sagt noch, viel, wieder und versteht rechts, links, größer, kleiner, eckig, rund; Dreijährige lernen etwa alle 90 Minuten ein neues Wort; kann Doppelaufträge befolgen, wie: „Ziehe die Jacke aus und lege sie auf den Stuhl." Entwickelt ein Repertoire von ca. 10–15 Satzbauformen; spricht mit Puppen und Stofftieren; verwendet die Mehrzahl und einfache Vergangenheitsform; kann autobiografische Erlebnisse behalten, berichten;
4–5 Jahre:	der Wortschatz erweitert sich auf 5000 bis 26 000 Wörter; beherrschen dialogisches Erzählen; Schreibversuche anhand von Zicke-Zacke-Linien und Stiftführung mit den Schreibfingern; übt z. B. seinen Namen zu schreiben; wiederholt kurze Geschichten; zeigt auf alles, was fliegt; bildet Nebensätze; fragt mit wer, wo, warum, wann;
5–6 Jahre:	Interesse am Lesen („Was steht da?"), am geschriebenen Wort; kann drei Farben benennen; erkennt sinnwidrige Äußerungen; benennt mehrere Berufe; spricht Fünf-Wort-Sätze; kennt Oberbegriffe; erkennt Anlaute; fragt danach, was das Wort bedeutet; kann Analogien finden und Unterschiede benennen; spricht über morgen und versteht Zeitbegriffe wie heute, morgen; beantwortet Wenn-Dann-Fragen; benennt Körperteile; erste Raumbegriffe;

3. Sensible Phase für Ordnung:

Der Ordnung, wie im Kapitel 2.4 über die menschlichen Sinne bereits erwähnt, misst Montessori einen großen Stellenwert bei. Sie stellte immer wieder fest, welche besondere Sensibilität kleine Kinder für äußere Ordnung zeigen, sie scheinen sogar darauf angewiesen zu sein. Mit bereits knapp sechs Monaten (so haben heute die Entwicklungsforscher festgestellt) unterscheiden Säuglinge kleine Mengen voneinander (Mack 2003, S. 65): wie z. B. ein Drei-Punkte-Bild von einem Vier-Punkte-Bild oder einen Kreis von zwei Kreisen. Ebenso nehmen sie sehr genau wahr, wie die Gegenstände in ihrer Umgebung angeordnet sind und welche Tagesabläufe sich wiederholen.

Kinder werden in eine für sie völlig fremde und unüberschaubare Welt geboren, die sie am Besten erkunden können, wenn sie ihre Ordnungsstrukturen und Regelmäßigkeiten erkennen. Dies bietet eine wichtige Grunderfahrung: „Meine Welt ist in Ordnung". Die äußere Ordnung, ihre Zuverlässigkeit, bietet Kindern Anreize (Mut) zum Handeln und die Möglichkeit, ihre innere, geistige Ordnung zu gewinnen.

> *„Offenbar also ist die Ordnungsliebe, wie sie Kinder verstehen und empfinden, etwas, das weit über den kalten und trockenen Begriff hinausgeht, den wir Erwachsenen uns davon machen."*
> *„Im frühen Kindesalter entnimmt der Menschengeist seiner Umwelt die Orientierungselemente, die er für seine späteren Eroberungen brauchen wird.* (Montessori 1980, S. 83)

Es ist eine natürliche Sensibilität, durch die Kinder einen inneren Sinn für Ordnungen aufbauen. Er dient allerdings nicht so sehr der Unterscheidung der Dinge, als letztlich dem Erkennen der Beziehungen untereinander. Dadurch zeigt sich den Kindern zunehmend die Umwelt als Ganzes, dessen Details zueinander in Beziehung stehen. Dementsprechend ist die von Montessori beschriebene vorbereitete Umgebung (vgl. Kap. 4.1) auch ein sehr geordneter Rahmen: Sei es durch die Übersichtlichkeit der Raumgestaltung, durch die sinnvollen Ordnungsprinzipien der Materialien oder auch durch einzelne Materialien, bei denen Kinder unterschiedliche Gegenstände nach Formen, Größen und Farben sortieren können (wie es alle kleinen Kinder gerne tun).

2.6 Lernen als dialogischer Prozess: Kinder als Ko-Konstrukteure

Das „neue Bild" vom Lernen, das wir durch die Erforschung der kindlichen Entwicklung und seiner Lernfähigkeiten gewinnen, basiert auf der Neugierde und Kompetenz der Kinder, die mit ihrer Umwelt in einen dialogischen Prozess treten und sich aktiv aus eigenem Antrieb entwickeln und lernen wollen. In diesem Sinne können wir Kinder heute als „Ko-Konstrukteure" bezeichnen:

> *„Diese Idee eines Kindes als aktiver Ko-Konstrukteur von Wissen und Kultur (und als Bürger mit Rechten und Pflichten) basiert auf einer respektvollen Haltung gegenüber dem Kind. (…) Das Kind ist hier nicht ein leeres Gefäß, welches langsam mit Wissen gefüllt wird. Vielmehr ist das Kind aktiv und kompetent, mit eigenen Ideen und Theorien, denen es sich lohnt zuzuhören, die aber auch auf der anderen Seite geprüft und in Frage gestellt werden sollten."* (Dahlberg o.J., S. 5)

Auch die Montessori-Pädagogik sieht das Kind weder als leeres Gefäß, das es mit Wissen zu füllen gilt, noch als jemand, der sich alleine aus sich selbst heraus bildet. Kinder besitzen laut Montessori einen inneren Bauplan, der sich jedoch erst durch den wechselseitigen dialogischen Prozess, den Austausch zwischen Kind und Umwelt (vgl. Montessori 1980, S. 57), offenbart und entfaltet.

Für Montessori war es deshalb unter anderem wichtig, dass Bildungseinrichtungen auch die Einbildungskraft der Kinder fördern (vgl. Montessori 1976, S. 250). Bildung ist kein einseitiger Prozess, der endet, wenn man dem Kind Wissen und Lernstoff gelehrt hat. Sondern er beinhaltet, dass sich Kinder ihre eigenen Vorstellungen und Theorien machen und ihrerseits ebenfalls den Lernprozess beeinflussen. Dahinter verbirgt sich Montessoris besonderes Weltbild. In ihrer Idee der kosmischen Erziehung (vgl. Kap. 5.3.6) sind wir Menschen Teil eines einheitlichen Schöpfungsplans. Doch diesem sind wir nicht schicksalhaft ausgeliefert, sondern wir haben gleichzeitig auch einen kosmischen „Auftrag": zu bewahren, zu erhalten und zu erweitern. Somit tragen wir die Verantwortung für den Kosmos und beeinflussen ihn. Heutige

Gedanken der Ökologie und des kybernetischen Lernens (vgl. Vester 1979) lassen sich bereits in den Grundideen der kosmischen Erziehung wiederfinden.

Das bedeutet, dass wir einem Kind zwar didaktisch-pädagogische Angebote machen können, dass diese aber veränderbar bleiben müssen, da das Kind seinerseits darauf Einfluss nimmt. Und wie dieser Einfluss aussieht, kann man nicht vorhersagen, denn jedes Kind ist anders.

2.7 Leitgedanken für kindgerechtes Lernen im Elementarbereich

Aus den bisher genannten anthropologischen Grundannahmen Montessoris und den neueren neurowissenschaftlichen Erkenntnissen lassen sich einige wichtige Leitgedanken für das Lernen im Elementarbereich zusammenfassen:

- „Erst die Erziehung der Sinne, dann die Erziehung des Verstandes." (Kramer 1995, S. 94)
- Bildung und Erziehung müssen sich am Entwicklungsverlauf des einzelnen Kindes orientieren: Lernangebote sollten nicht auf ein Lernziel hin ausgerichtet sein, sondern die Aufmerksamkeit und das Interesse eines Kindes wecken und binden. Denn Kinder wollen nicht nur lernen, sondern sie wollen zu einer bestimmten Zeit etwas ganz Besonderes lernen.
- Durch die freie Wahl der Arbeit kann das Kind seinen Entwicklungsimpulsen folgen.
- Kinder brauchen Zeit, um sich so lange, wie sie es wollen, mit einer Sache ungestört zu beschäftigen und Übungen so lange zu probieren, bis sie ihre Funktion entdeckt oder ihren Sinn verstanden haben und sie die Übung beherrschen (damit diese Erfahrungen auch ausreichend neuronal verknüpft und auch bestehende Verknüpfungen verstärkt werden).
- Je mehr verschiedene Formen des Lernstoffs in unterschiedlichster Weise dargeboten werden, je mehr Wahrnehmungskanäle angesprochen werden, desto besser wird Wissen verankert und langfristig gespeichert.

- Lernen braucht neben kindgerechten Lernangeboten auch Vorbilder (Eltern, Erzieher/innen usw.). In den ersten Lebensjahren ist das Verhalten der Eltern und der Erzieher/innen von großer Vorbildfunktion: so wie sie mit Materialien, mit anderen Menschen, mit Konflikten usw. umgehen, beeinflusst die Kinder.

- Fragen sind ein wichtiger Motor für das Lernen: Es ist gut, auf die Fragen der Kinder einzugehen und gegebenenfalls auch zum Fragen zu ermuntern und keine Frage als „dumme" Frage abzutun.

- Kinder lernen viel durch Bewegungen, deshalb sollten Lernangebote die Motorik der Kinder verfeinern helfen. Stilles Arbeiten heißt also nicht unbedingt still sitzen.

- Das Gehirn wird durch sinnliche Erfahrungen beweglicher, so dass die kindliche Umgebung alle Wahrnehmungskanäle anregen sollte.

- Die Übertragung vom Kurzzeit- ins Langzeitgedächtnis ist sehr empfindlich und wird durch die Aufnahme neuer, starker Reize behindert.

- Emotionen und Kognitionen sind untrennbar miteinander verbunden und Emotionen gehen immer voran. Mut, Humor (als Möglichkeit Ängste und Sorgen abzubauen), Vertrauen und eine Herausforderung erhöhen den Lernerfolg, aber zu viel Stress vermindert ihn.

- Jeder Mensch hat sein eigenes Lerntempo und seinen eigenen Lernstil: Deshalb sollten wir auch die unterschiedlichen Lern(um)wege der Einzelnen positiv einschätzen und helfen, dass das Kind seinen optimalen Lernweg findet, indem es sein Lernen selbst organisiert. Somit erreicht nicht jedes Kind in der gleichen Zeit das gleiche Lernziel.

- Eine gesunde Lebensführung fördert das Lernen: ausgewogenes Essen in regelmäßigen Abständen, ausreichende Bewegung (auch kinesiologische Übungen) und immer wieder Pausen/Entspannung sind wichtig.

- Die äußere Ordnung hilft Kindern ihre innere Ordnung aufzubauen. Gewohnheiten und Rituale im Kindergartenalltag helfen dabei ebenso, wie die Ordnung der Materialien.

- Wer lernt, macht auch Fehler, Versuch und Irrtum führen zum Ziel. Leider bewerten wir Fehler oft negativ. Kinder haben oft Angst davor, Fehler zu machen, es nicht richtig zu können, anstatt zu sehen, sie können es noch nicht.

- Wenn sich schon Säuglinge erste (unbewusste) Hypothesen über Umwelteindrücke aufstellen, so kann es kein Richtig oder Falsch geben: ein neuer Umgang mit „Fehlern" ist notwendig. Kinder müssen Zeit haben, ihre Hypothesen durch viele Beispiele selbst zu überprüfen.

- Kinder lernen wirksamer und anhaltender, wenn sie ihre Fehler selber überprüfen und selber korrigieren können. Auch wenn wir einen Fehler entdecken, nicht einfach ungefragt eingreifen, sondern fragen: „Darf ich dir helfen?" oder „Soll ich es dir noch einmal zeigen?"

- Unsere Äußerungen über Leistungen sollen letztlich das Selbstwertgefühl der Lernenden stärken, nicht schwächen: gute eigene Erfahrungen ermutigen zu neuen Schritten, also viele Anlässe aufgreifen und aufzeigen, wo Kinder Fortschritte gemacht haben – und immer erst nach genauer Beobachtung beurteilen.

- Vorsicht, damit aus unseren Erwartungen keine Erwartungshaltung wird, was einen enormen Druck bei Kindern verursachen kann („Mit fünf Jahren musst du das aber können!").

3 Bildungsarbeit im Elementarbereich mit dem Montessori-Konzept

Kinder lernen von Geburt an in einem rasanten Tempo. Mit der Geburt beginnt der aktivitätsabhängige Entwicklungsprozess, bei dem das Kind durch eigene Initiative mit der Umwelt in wechselseitige Interaktion tritt. Mit Hilfe seiner Bewegungen und seiner Sinneswahrnehmungen nimmt es Umweltreize auf, verarbeitet diese im Gehirn und beeinflusst seinerseits die Umwelt. Das Gehirn – und die Entwicklung insgesamt – benötigt allerdings zu unterschiedlicher Zeit unterschiedliche Anregungen, um sich optimal zu entfalten.

Was heißt das für den pädagogischen Alltag? Welche pädagogisch-methodischen Schlüsse können wir daraus ziehen und wie können wir das kindliche Lernen im Elementarbereich sinnvoll unterstützen und die Lernprozesse im Alltag organisieren und begleiten? (vgl. zu diesem Thema auch Gisbert 2004) Auch wenn heute viele Erzieher/innen sehr motiviert und engagiert sind, so bleibt doch bisher die Bildung der Vorschulkinder immer noch zu sehr von dem Engagement der einzelnen Erzieher/innen abhängig. Da jedoch die ersten sechs Lebensjahre eine besonders intensive Zeit des Lernens und der Entwicklung sind, sollte hier auch auf breiter Ebene zuverlässige Bildungsarbeit geleistet werden. Anstatt auf langfristige Veränderungen „von oben" zu warten, bietet sich unter anderem die Möglichkeit, dass Erzieher/innen selber schauen, welche methodischen Anregungen und Möglichkeiten bereits praktizierende pädagogische Konzepte (wie z. B. die Montessori-Methode, das Modell der Lernwerkstätten und viele mehr) den neuen Anforderungen nach entwicklungsorientiertem Lernen gerecht werden und wie sie sich im Kindergartenalltag umsetzen lassen.

Meiner Meinung nach bietet die Montessori-Methode eine logische Antwort auf die kindlichen Bedürfnisse: Sie ist ein pädagogisches Konzept, das Vorschulkindern systematische Bildung für die Sinne, die Verfeinerung der Motorik, für Sprache, Mathematik, den Kosmos und die eigene Selbstständigkeit anbietet. Hier finden Kinder Hilfe zur Selbsthilfe. Bis heute befruchtet diese Methode bereits das Lernen in Kindergarten und Schule.

Die Montessori-Pädagogik bietet ein durchgängiges pädagogisches Konzept über alle Jahrgänge hinweg, bis zum Eintritt ins Erwachsenenalter. Alle diese Einrichtungen sollten „Erfahrungsschulen des sozialen Lebens" sein, also auf das Leben insgesamt vorbereiten und die Entfaltung der gesamten Persönlichkeit fördern:

▪ Für die Ein- bis Dreijährigen gibt es das „Nido die bambini".
▪ Für Kinder zwischen drei und sechs Jahren gibt es das „Casa die bambini", bei uns als „Kinderhaus" bekannt.
▪ Die Montessori-Grundschule ist ursprünglich für die Sechs- bis Zwölfjährigen gedacht (sechsjährige Grundschule).
▪ Und Montessoris Modell des „Erdkinderplans", auch „Erfahrungsschule des sozialen Lebens" genannt, ist eine Art Landschulheim für Jugendliche zwischen 12 und 18 Jahren.

Ein Montessori-Kinderhaus ist eine Bildungseinrichtung mit einer vorbereiteten lernanregenden Umgebung, in der Kinder die Kultur unserer Umwelt aufnehmen und verstehen lernen, ohne jedoch planmäßig und mit von vornherein festgelegten Lernzielen unterrichtet zu werden. Vielmehr werden hier durch die Anregungen der vorbereiteten Umgebung Prozesse der Selbstbildung in Gang gesetzt. Gerade die Organisationsform des Kinderhauses belegt, wie gut Kinder – ohne verschult zu werden – lernen: Die lernanregende Umgebung und die vielen Montessori-Materialien ermöglichen dem Kind, die Fülle der Umwelteindrücke systematisch zu verarbeiten, darüber hinaus seine Sinne und die Bewegungen zu verfeinern und so die Welt zu verstehen und in ihr zu bestehen.

Die verschiedenen Montessori-Materialien und -Übungen lassen sich als ein „materialisiertes" Curriculum (Raapke 2001, S. 86) für den Elementarbereich nutzen. Sie sind eine Antwort auf die natürlichen Lern- und Entwicklungsbedürfnisse der Kinder und beinhalten gleichzeitig die Lerninhalte, die wir kulturell für wichtig erachten. Die Montessori-Übungen fördern somit wichtige Basisfertigkeiten (einschließlich der Fähigkeit, selbstorganisiert zu lernen), die Kinder für die weitere Schullaufbahn brauchen.

Für den schulischen Bereich gibt es erste Versuche, die Montessori-Materialien mit dem offiziellen Lehrplan in Verbindung zu setzen (Stoffverteilungsplan und Montessori-Materialien, vgl. Montessori Landesverband Bayern 2001, S. 54ff.): Die Materialien erfüllen hiernach nicht nur die Ansprüche des Lehrplans, sondern gehen teilweise sogar darüber hinaus. Im ersten Grundschuljahr sieht der Bildungsplan für das Rechnen „nur" das Addieren und Subtrahieren im Zahlenraum bis 20 vor. Innerhalb der Montessori-Methode bietet man bereits 4– bis 5–jährigen Kindern das goldene Perlenmaterial an und führt damit schon früh in das Dezimalsystem und den Zahlenraum bis 1000 ein. Schon vor Schulbeginn können Kinder dann schrittweise mit dem goldenen Perlenmaterial alle vier Grundrechenarten kennen lernen.

Ebenso üben hier schon Vierjährige einen Buchstaben aus Sandpapier mit den Schreibfingern in Schreibrichtung nachzufahren und dann in den Sand, später auf Papier, zu schreiben. Da die Materialien gut in Kinderhände passen, anschaulich und leicht verständlich sind, lernen Kinder damit bereits im Vorschulalter gezielt vieles, was bisher laut Bildungsplan erst dem Schulalter vorbehalten war.

„Das Kinderhaus ist keine Vorbereitung auf die Grundschule, sondern ein Beginn des Unterrichts, der ohne Unterbrechung fortgeführt wird." (Montessori 1974, S. 355)

Und das wird der Entwicklung der Kinder weitaus mehr gerecht, als die bisher vorherrschenden „Brüche" beim Übergang vom Kindergarten in die Grundschule und dann auf die weiterführenden Schulen. Denn die menschliche Personalität ist über die verschiedenen Entwicklungsstufen eine Einheit, so dass auch das Bildungssystem eine Einheit bilden sollte.

Mit Hilfe der Montessori-Prinzipien (des Lernens in einer kindgerechten Umgebung, mit seinen Lernangeboten in Form spezieller Materialien und Übungen, mit seinen Lernformen sowie mit seinen Zielen) ließe sich ein sinnvoller Rahmenplan[1] für Kindertageseinrichtungen schaffen.

---

[1] Für Schulen haben Montessori-Verbände bereits Modelle eines Rahmenplanes konzipiert. Auch für den Elementarbereich gibt es erste Kriterien, wie z. B. von der Deutschen Montessori-Gesellschaft Wiesbaden oder dem Montessori-Landesverband Bayern. Siehe Adressenliste in diesem Buch.

Ohne hier einen ausführlichen Rahmenplan für Kindergärten anbieten zu können, möchte ich lediglich einige Aspekte zusammentragen, die zum Weiterdiskutieren anregen:

Lernziele
Motorische – Emotionale –
Praktische – Kreative – Soziale-Geistige Kompetenzen
(„Fernziel": Entfaltung der gesamten Persönlichkeit)

Lerninhalte
Stoffverteilung anhand der Materialien:
Übungen des praktischen Lebens –
Sinnesmaterialien – Sprachmaterialien –
Mathematikmaterialien – Kosmische
Erziehung – Bewegungs- und
Stilleübungen – kulturelle Angebote.

Lernformen
Freiarbeit – Projekte – Stilleübungen –
Gesprächskreise – Ausflüge (Lerngänge) –
Lernen im Alltag und zu Hause – freies Spiel

Rahmenbedingungen
Heterogene Gruppe – vorbereitete, kindgerechte, sichere und klare Umgebung – gut vorbereitete, empathische Erzieher/innen – Entwicklungsbedingungen der einzelnen Kinder erkennen und fördern – Materialien und Übungen als Antworten auf die Bedürfnisse der Kinder – Lernen über alle Sinne und Bewegungen – Erziehung und Bildung als dialogischer, wechselseitiger Prozess – Ordnung und Eindeutigkeit – Ganzheitliches Lernen – Kinder sind aktiv, Erzieher/innen sind zurücknehmend – eigene Fehlerkontrolle – übersichtlicher Tagesablauf

3.1 Selbsttätigkeit fördern statt belehren

Lernen nach Montessori ist ein Prozess der Selbstbildung, bei dem Kinder in Interaktion mit einer überschaubaren Umgebung treten. Die Hilfe der Erwachsenen besteht darin, solch eine kindgerechte Umgebung vorzubereiten, Kinder mit den dort angebotenen Materialien und Übungen vertraut zu machen und dabei der jeweiligen Entwicklungsstufe Rechnung zu tragen.

Unterricht brauchen Kinder nicht, denn durch die selbsttätige Auseinandersetzung mit einem Arbeitsmaterial unterrichtet es sich besser, als es Erzieher/innen bzw. Lehrer/innen tun könnten. Das Kind lernt somit durch seine Erfahrung.

Die Lernangebote und die kindliche Umgebung insgesamt sollten nach Montessori mit den sensiblen Phasen des Kindes korrespondieren und der inneren Bereitschaft der Kinder zu Hilfe kommen. Denn wenn wir es schaffen, seine Energien freizusetzen, so lernt es besser als wir annehmen. Montessori selbst betonte:

„Es handelt sich um die Methode des Kindes, nicht um die Montessori-Methode." (Montessori 1946, S. 10)

Der Entwicklung der Vorschulkinder entsprechend haben in Kinderhäusern neben den Übungen des täglichen Lebens und der Bewegungen vor allem die Sinnesmaterialien eine vorrangige Bedeutung:

Die Sinnesmaterialien sollen helfen, die vielen Wahrnehmungen, die ein Kleinkind in seiner Umwelt undifferenziert sieht und aufnimmt, zu unterscheiden und zu klassifizieren (Montessori 1976, S. 191f.). Nachdem ein Kleinkind „chaotisch" die Reize der Umwelt absorbiert hat, steht es davor, wie ein Mensch vor einem Stapel ungeordneter Bücher, der sich fragt: „Was soll ich damit tun?" Wenn er dann in der Lage ist, die Bücher zu ordnen, kann er sich eine Bibliothek anlegen. Für Montessori ist die Fähigkeit, Dinge durch ihre Eigenschaften zu unterscheiden und zu klassifizieren, der Grundstein für die Intelligenz (Montessori 1976, S. 193). Die Montessori-Sinnesmaterialien analysieren und stellen die Eigenschaften der Dinge dar: Dimensionen, Formen, Farben, Beschaffenheit der Oberfläche, Gewicht, Temperatur, Geschmack, Geräusche, Töne usw. Zusätzlich gibt es Materialien, die die Abstufungen dieser Eigenschaften verdeutlichen: dick, dicker, am dicksten, oder die Nuancen einer Farbabstufung (Farbtäfelchen), eines Tones (Glocken) etc. So können Eigenschaften nicht nur erkannt, sondern auch geordnet werden und fördern die Bildung eines „geordneten Geistes".

„Die äußeren Dinge auf der Grundlage einer im Verstand bereits bestehenden sicheren Ordnung zu unterscheiden, zu klassifizieren und zu ka-

talogisieren, das bedeutet Intelligenz und gleichzeitig Bildung." (Montessori 1976, S. 194)

Auch die anderen Montessori-Materialien sprechen die kindlichen Sensibilitäten an: Sie bieten Übungsmöglichkeiten, bei denen die Augen-Hand-Koordination verfeinert werden kann. Und diese Koordination ist eine besonders wichtige Fähigkeit für weitere Lern- und Entwicklungsschritte. Ein Kind muss seinen Handbewegungen mit den Augen folgen können, um einen Gegenstand in eine entsprechende Öffnung zu stecken, um später Buchstaben und Zahlen übersichtlich aneinander zu schreiben.

Viele der Übungen des praktischen Lebens fördern erst einmal die motorische Geschicklichkeit, wie z. B. die Fingerfertigkeiten, die ein Kind für seine täglichen Verrichtungen braucht (Reis umschütten, Schleifen binden etc.) und die es später auch für die Schreibbewegungen benötigt. Auch wenn die Materialien und Übungen einzelne Fertigkeiten und Funktionen separat ansprechen, so zielen sie doch alle gemeinsam darauf hin, die gesamte Persönlichkeit des Kindes zu fördern.

Durch die selbstständige Arbeit mit einem Material hat das Kind die Gelegenheit, seinen Geist und seinen Intellekt aufzubauen. Das Material soll den Kindern eine Hilfestellung zur Ordnung ihres Geistes bieten, und nicht nur die Kenntnisse dieser Dinge vermitteln. Da kleine Kinder noch nicht abstrahieren und formal-logisch (mit Hilfe abstrakter Symbole und Begriffe) denken können, ermöglichen ihnen die konkreten Materialien, schon früh erste Einsichten in kompliziertere Zusammenhänge zu gewinnen. Montessori nannte die Sinnesmaterialien *„materialsierte Abstraktionen"* (Montessori 1946, S. 58): Ein vierjähriges Mädchen, das einen kleinen Globus sieht, kann sich ein Bild von der Erde machen (konstruieren) und sich so vorstellen, was es heißt, wenn jemand um die ganze Erde reist.

Hier zeigt sich insgesamt der hohe didaktische Wert der Montessori-Materialien, den ich an einem Beispiel verdeutlichen möchte:

Während ein dreijähriges Kind die Holzzylinder in die entsprechenden Holzzylinderblocks steckt (einfach ausprobiert, was wohin passt), übt es eigentlich nicht nur seine Augen-Hand-Koordination, sondern es nimmt bereits mathematische Ordnungen wahr, ohne allerdings hier schon die schwierigen Begriffe zu lernen. Durch „spielerisches" Handeln mit den vier Holzzylindern macht ein Kind wichtige Vorerfahrungen, die ihm später im Algebra- und im Geometrieunterricht nützlich sein werden. Die Zylinderblocks verdeutlichen in abstrakt-elementarer Weise den Kardinalzahlbegriff (die Mächtigkeit von Zahlen), indem zwei Mengen auf ihre Mächtigkeit verglichen werden können. Und sie verdeutlichen den Ordinalzahlbegriff (Ordnung von Mengen), indem Ordnungen gegenübergestellt und verglichen werden können (Hürten 1986, S. 47f.). Ein Kind lernt mit den Materialien letztlich mehr, als eine Erzieherin weiß. Sie muss nicht, wie eine Mathematiklehrerin, viel über die Kardinal- und Ordinalzahlen wissen, um es einem Kind anzubieten.

So, wie sich die Entwicklung des Kindes in aufeinander aufbauenden Phasen vollzieht, so werden auch die Lernangebote in der Montessori-Methode in einer gewissen Reihenfolge (Anordnung) dargeboten.

Dabei vollzieht sich das Lernen in kleinen, aufeinander folgenden Schritten an jedem einzelnen Material:

- Durch das ansprechende Material wird die Motivation und das (natürliche) Interesse des Kindes angeregt.
- Das Kind greift nach dem Material.
- Es sucht und findet die Lösung, die in dem Material enthalten ist (die Erfolgskontrolle ist eigenständig möglich).
- Durch die Konzentration bindet sich das Kind an das Material.
- Die Übung wird oft wiederholt.
- Das neue Wissen, die neu erworbene Fertigkeit wird auf die Umgebung übertragen.
- Das neu gelernte Wissen wird in die kognitive Struktur integriert.

Nicht die Belehrung, sondern die Selbsttätigkeit des Kindes steht hierbei im Vordergrund. Das Kind lernt, etwas auszuwählen, seine Arbeitsweise zu entwickeln, Absprachen mit anderen zu treffen und sich zu organisieren.

3.2 Freiarbeit im Montessori-Kinderhaus

Die Montessori-Methode fördert zwar die individuelle Entwicklung der Kinder, doch dafür braucht ein Kind viele Anregungen und den Austausch mit Erwachsenen und Gleichaltrigen. Das „Herzstück" der Montessori-Methode ist die Freiarbeit, d. h. freies Arbeiten in einer heterogenen Kindergruppe (in der auch behinderte Kinder, mit unterschiedlichem Lernvermögen integriert sein können), in der die Kinder andere Kinder bei der Arbeit beobachten können und voneinander lernen. Die Erzieher/innen treten in der Montessori-Umgebung in den Hintergrund (vgl. Kap. 6).

Die „freie Wahl der Arbeit"[2], die wir heute Freiarbeit nennen, stellt für Montessori die schlüssige Antwort auf ihre anthropologischen Grundannahmen dar, also auf das, was wir bei Kindern beobachten können. Hier finden die Kinder Materialien und Übungen, mit denen sie selbstständig arbeiten können und ihren Geist aufbauen, ohne dass allerdings alle Kinder zur gleichen Zeit die gleichen Leistungen erreichen müssen. Wie sieht die Freiarbeit in einem Kinderhaus aus?

Wenn wir zur Zeit der Freiarbeit ein Montessori-Kinderhaus besuchen, fallen uns einige Besonderheiten auf:

Beim Eintreten sehen wir eine Gruppe von drei- bis sechsjährigen Kindern, in der sich die Kinder mit unterschiedlichen Materialien beschäftigen. Im Flur treffen wir vielleicht auf ein vierjähriges Mädchen, das auf einem kleinen blauen Teppich 10 unterschiedlich lange, rote Stangen ausgebreitet hat und nun versucht, die Stangen ihrer Länge nach zu sortieren. Irgendwo sitzt ein kleiner Junge an einem Tisch und schüttet aus einer kleinen Karaffe Wasser in eine zweite Karaffe, er ist dabei ganz vorsichtig, zappelt nicht, damit ihm nichts daneben tropft. Auf einem beigefarbenen Teppich legen zwei Mädchen eine Farbsonne aus, in der Mitte liegt ein gelb leuchtender Kreis, um den herum sie viele Farbtäfelchen mit unterschiedlichen Farbnuancen anlegen. Ein anderes sechsjähriges Mädchen fährt mit ihren Schreibfingern einen Buchstaben nach, der mit Sandpapier auf ein rosa Holzbrettchen geklebt ist. In der Küche spülen zwei Dreijährige gerade ihre Teller und Becher vom Frühstück ab, dabei reden und lachen sie munter, aber leise. Sie „arbeiten" relativ ruhig und konzentriert mit einem Material. Auch das Abwaschen von Geschirr zählt hier zu den kindlichen Arbei-

---

[2] Montessori selbst benutzte nicht den Begriff „Freiarbeit", der erst in den fünfziger Jahren aufkam, sondern sie spricht von „Lektionen" oder der „freien Wahl der Arbeit" und grenzt damit ihre Methode von der Idee des „Spielens" und des klassischen gebundenen Frontalunterrichts ab.

ten, die Montessori als Übungen des praktischen Lebens bezeichnete. Wo eigentlich ist hier die Erzieherin? Hinten an einem Kindertisch sitzt sie und zeigt einem Jungen ein Material. Die zwei sprechen nicht miteinander, sondern der Junge beobachtet sehr genau die Handbewegungen der Erzieherin, wie sie eine rote Zahl hinlegt und darunter die entsprechende Anzahl von roten Plättchen abzählt und dazulegt. Ein kleineres Mädchen fragt einen Sechsjährigen, ob er eine Holzkiste öffnen kann und ein kleiner Junge guckt von seinem Buch auf und fragt: „Hallo, suchst du was? Soll ich dir helfen?" Fast schon wirkt das zu still, zu arbeitsam und zu freundlich. Sind das „normale" Vorschulkinder? Nach einiger Zeit ertönt leise Musik aus einem CD-Player, es wird unruhiger, die meisten Kinder haben ihre Materialien wieder in die offenen, an den Wänden aufgereihten Regale zurückgeräumt und springen, toben und kichern herum. Die Freiarbeit scheint jetzt um zu sein und die Gruppe geht hinaus in den Garten.

Die Erzieherinnen werden die Kinder doch sicher streng ermahnt haben, damit sie so intensiv arbeiten und lernen. Doch als sie kurz den Raum verließ, machten die Kinder einfach mit ihren Beschäftigungen weiter. Sie scheinen sich wirklich für die Sachen zu interessieren. Es stehen ja auch viele schöne und spannende Dinge in den Regalen: Eine Waage, eine große Uhr, ein Globus und ein Puzzle mit den Erdteilen, einige Kisten mit vielen Döschen, verschiedene blaue geometrische Körper usw.

Montessori stellte sich die Freiarbeit in einer großen Gruppe von Kindern vor:

> *„Da sehen wir vierzig kleine Wesen, im Alter von drei bis sieben, ein jedes emsig mit seiner Arbeit beschäftigt (…)."* (Montessori 1930, S. 322)

Da es eine sehr anspruchsvolle Aufgabe ist, zu erkennen, in welcher Lern- und Entwicklungsphase sich jeweils die einzelnen Kinder gerade befinden und sie entsprechend zu begleiten, ist eine solche Gruppengröße von 40 Kindern in der Praxis wohl kaum umzusetzen. Vielmehr bewährt sich eine jahrgangsgemischte Gruppe mit höchstens 24 Kindern im Alter zwischen drei und sechs Jahren, jeweils sechs Kinder aus einem Jahrgang, die von mindestens zwei Erzieher(inne)n begleitet werden.

Solch eine Arbeitsatmosphäre muss wachsen: Es braucht viele Vorbereitungen, viel Geduld und gutes Wissen über die Kinder, wie über die Materialien, um die Freiarbeit erfolgreich umzusetzen – und es braucht Zeit: Erst nach mindestens sechs Monaten wird sich zunehmend eine ruhigere Gruppe zeigen, in der die Kinder konzentriert mit ihren Arbeiten beschäftigt sind. Es reicht nicht, Kinder mit wenigen Materialien und ohne viel Vorbereitung frei arbeiten zu lassen. In der Regel bricht dann erst einmal das Chaos aus (vgl. Kap. 5.2.1).

„Die Vorbereitung der Umgebung und die Vorbereitung des Lehrers[3] sind das praktische Fundament unserer Erziehung." (zit. nach Steenberg 2002, S. 30)

Wie die kindgerechte Umgebung und die Freiarbeit auszusehen hat, sollte nicht den subjektiven Ansprüchen Einzelner überlassen werden. Vielmehr bedarf es bewährter Kriterien, die methodisch-didaktische Antworten auf die selbstbildenden Aktivitäten der Vorschulkinder bieten. Montessoris Methode und ihre didaktischen Materialien liefern uns hierzu anregende Kriterien.

Wie lässt sich die Montessori-Methode und die Freiarbeit konkret und erfolgreich in der Praxis umsetzten? Das möchte ich in den nächsten Kapiteln näher vorstellen.

---

[3] Montessori unterscheidet nicht zwischen Lehrer/in und Erzieher/in, sondern benutzt beide Begriffe gleichbedeutend.

4 Die Montessori-Methode in der Praxis

Maria Montessori hat ihre Methode nicht nach bestimmten Prinzipien ausgerichtet, sondern nach den Besonderheiten der verschiedenen Entwicklungsstufen (sensiblen Phasen) und somit mehrere Erziehungsebenen entwickelt. Damit stellt Montessoris Methode eine Antwort auf die Besonderheiten der kindlichen Entwicklungsphasen dar: Die Materialien und die Umgebung passen sich den natürlichen Entwicklungsabläufen des Kindes an – nicht umgekehrt.

Zuerst sind Kinder empfänglich für Geräusche (schon nach wenigen Wochen erkennt ein Säugling die Mutter an ihrer Stimme und verfolgt mit den Augen ihre Lippenbewegungen), dann für Worte, für Ordnungen und so weiter. Hierfür will ein Kind zur rechten Zeit entsprechende Anregungen in seiner Umwelt vorfinden (vgl. Bittner 1991, S. 17ff.). Wie also lässt sich in Kindergärten eine kindgerechte Umgebung gestalten, so dass wir Vorschulkindern die Hilfe und Unterstützung anbieten, die sie brauchen?

> *„Unsere Hilfe muss darin bestehen, die spontanen Anstrengungen der kindlichen Seele zu unterstützen; eine wirkliche Hilfe soll keine willkürliche Lenkung sein, sondern eine Antwort."* (Montessori 1980, S. 76)

In folgenden drei Bereichen können wir diese pädagogischen Hilfen realisieren, wobei in der Praxis alle drei Bereiche zusammen die vorbereitete Umgebung ausmachen:

- bei der Gestaltung der Räumlichkeiten,
- der Auswahl und der Einführung der Montessori-Materialien und -Übungen,
- durch unsere Vorbereitung auf unsere Rolle und unsere Aufgaben als Erzieher/in (im Sinne Montessoris).

4.1 Die Gestaltung der Räumlichkeiten

Kinder brauchen unter anderem eine sichere, übersichtliche und schöne Umgebung, um sich darin frei bewegen, orientieren und entfalten zu können. Für kleine Kinder, die noch sehr an ihre Eltern gebunden sind, lässt sich dies am Besten in einer familiär und ästhetisch gestalteten Umgebung verwirklichen.

„Ein Kinderhaus soll in den kleinsten Einzelheiten schön und gefällig sein, denn Schönheit ermuntert zur Arbeit." (Montessori 1992, S. 56)

Die Ästhetik nimmt positiven Einfluss auf Kinder und ermuntert sie nicht zuletzt, die Dinge ihrer Umwelt zu schätzen und dies fördert die gesamte soziale Erziehung: Die Ästhetik und die damit verbundene Wertschätzung der Menschen und ihrer Umwelt wird verinnerlicht (vgl. Schäfer 2003, S. 13ff.).

In vielen Kindertageseinrichtungen achtet man deshalb schon lange auf eine schöne und ansprechende Raumgestaltung, so dass sie vermutlich

den von Montessori vor fast hundert Jahren formulierten Forderungen nach einer kindgerechten Umgebung bereits in vielem entsprechen. Anfang letzten Jahrhunderts allerdings sahen die Kindergärten und Schulen noch weitaus weniger so aus: Die Möbel waren schwer und von Kindern nicht zu tragen und sie strahlten oft wenig Behaglichkeit aus.

Ohne große architektonische Umbauten vornehmen zu müssen und ohne großen finanziellen Aufwand, lassen sich aus den meisten Räumen kindgerechte Räume machen. Folgende Kriterien schlug Montessori vor:

Die Räume sollten *übersichtlich* eingerichtet sein: d. h. nicht zu viele Möbel, ebenso nicht zu viele Gegenstände, lieber nur einen schönen Wandschmuck und nicht viele, damit ein Kind ihn mühelos betrachten kann; auch lieber nur einige schöne Bücher, gesammelt in einem kleinen Regal, als hier und dort in den Regalen viele Bücher. Herabhängende Tücher oder anderer größerer Raumschmuck stören die Übersichtlichkeit des Raumes.

Den Raum in *verschiedene Bereiche* unterteilen. Die Freiarbeitsmaterialien sind in einer Ecke (jeweils auf Regale verteilt die Übungen des täglichen Lebens, die Sinnesmaterialien, die Sprachmaterialien, die Mathematikmaterialien, die Materialien der kosmischen Erziehung, die Leseecke), in einer anderen Ecke befindet sich eine Bauecke, vielleicht durch Raumteiler abgetrennt gibt es eine Kinderpuppenecke, eine Ecke zum Basteln, Werken und Malen, vielleicht auch eine „stille" Ecke. Draußen im Flur befindet sich die Garderobe. Und in einer Küche ist der Ort für die Übungen des täglichen Lebens.

Bei der *Farbgestaltung* des Raumes sollte darauf geachtet werden, dass es insgesamt nicht zu bunt wird und auch die einzelnen Farben nicht ineinander verwischen, sondern klare Farben und Farbabgrenzungen sichtbar sind.

Die Möbel sollten der Größe und Kraft der Kinder entsprechen:

- Die Garderobe mit Haken und Spiegel sollte auf der Höhe der Kinder angebracht sein und so viel Platz bieten, dass sich die Kinder bequem ihre Jacken und Schuhe ausziehen und Hausschuhe anziehen können. An jedem Garderobenplatz befindet sich ein Symbol für das jeweilige Kind.
- Die Stühle und Tische sind leicht und niedrig, so dass Kinder gut daran sitzen können und sie auch bei Bedarf allein im Raum umstellen können (sich so ihren Raum gestalten).

- Ein Ständer mit ca. 5 Arbeitsteppichen.
- Damit die Kinder sich die Materialien für ihre Arbeit mühelos holen können, sollte in der Nähe der Regale Platz zum Arbeiten sein, nicht nur an Tischen, sondern auch für kleine Arbeitsteppiche auf dem Boden, denn das tun kleine Kinder oft viel lieber und manche Materialien sind auch zu groß für den Tisch.
- Die offenen Regale sind so niedrig, dass die Kinder ohne Hilfen auch das obere Regalbrett erreichen (drei bis vier Regalbretter), verschlossene Schränke sind nicht vorgesehen, damit die Materialien und Spielangebote für Kinder gut zu sehen und frei zugänglich sind.
- Waschbecken, Handtuchhalter, Küchenherd usw. sollten ebenso der Kindergröße entsprechen (oder Hocker bereit stehen).
- Auch die Türklinken lassen sich von kleinen Kindern besser benutzen, wenn sie niedriger als üblich angebracht werden.
- Die Räume und die Einrichtung sollten sauber, schön und ganz sein:
- Die Möbel müssen nicht sehr teuer sein, aber sie sollten stabil genug für viele Kinder sein und vom Stil her zueinander passen. Dreck, Staub und kaputte Möbel und Gegenstände nehmen keinen guten Einfluss auf Kinder.
- Pflanzen verschönern einen Raum und sie bieten Kindern die Möglichkeit in die Pflanzenpflege eingeführt zu werden (eine Übung des täglichen Lebens).

Anhand dieser Beispiele wird deutlich, dass die gesamte Raumgestaltung, die Einrichtung, die Materialien wie auch das Verhalten der Erzieher/innen Klarheit, Zuverlässigkeit, Schönheit und Ordnung zeigen sollten.

5 Montessori-Materialien als Schlüssel zur Welt

Montessori-Materialien sind niemals Selbstzweck: Kinder wollen die Welt, in die sie hineingeboren werden, schrittweise verstehen lernen. Da wir allerdings den Zeitpunkt der kindlichen Sensibilität nicht vorhersagen, planen oder steuern können, ist es gut, ihnen viele Angebote zur Verfügung zu stellen. Die Vielfalt der Montessori-Materialien und -Übungen sind dabei sinnvolle Hilfen. Jedes Material ermöglicht einem Kind, sich die Welt immer mehr zu erschließen, sie sind ein Schlüssel zur Welt und ersetzen nicht die Welt – wie sie auch nicht die Entwicklung des Kindes ersetzen, sondern die Erfahrungen ermöglichen, die ein Kind zum Lernen braucht.

Wenn also ein Kind die Arbeit mit einem Material beendet und das neu Gelernte in seiner Umwelt anwenden (übertragen) kann, dann hat das Material seinen Dienst erfüllt.

Vieles, was die Montessori-Materialien Kindern vermitteln, findet man auch in der Natur und im Alltag. Doch erst durch die Einführung mit den Materialien kann ein Kind die Eindrücke in der Welt „einsortieren".

> „(Die) Materialien sind eine materialisierte Abstraktion. Wir geben es den Kindern nicht, um ihnen die Kenntnisse dieser Dinge zum ersten Mal zu geben, sondern als eine Hilfe zur Ordnung in ihrem Geist. (…) Sie können nicht frei und glücklich konstruieren ohne Ordnung. (…) Es gibt (z. B.) viele Gegenstände der gleichen Farbe. Wir müssen die Tatsache dieser einen Farbe beachten und ihre Schattierungen unterscheiden. Das ist Intelligenz. Intelligenz heißt Unterscheidung." (Montessori 1946, S. 58)

Ferner sind für Montessori die Materialien und Übungen, die dem Kind konzentriertes Arbeiten ermöglichen, auch immer Übungen der sozialen Erziehung. Wenn die Energie eines Kindes positiv angesprochen und nicht von zu vielen Reizen und Launen hin und her gerissen wird, sich also ein Kind an eine Sache bindet, so wird es innerlich ausgeglichen und gewinnt innere Disziplin. Darüber wird das Kind zunehmend sensibel für andere Menschen und seine Umwelt, und es kann so soziale Tugenden entwickeln. Zuerst macht ein Kind etwas der Sache wegen, es wischt beispielsweise den Tisch ab, weil es den Tisch abwischen will, nicht weil er dreckig ist. Dann erst wird es den Tisch abwischen, weil es ihn sauber machen will, weil er dreckig ist. Und zunehmend wir das Kind diese Arbeit (eine Übung des praktischen Lebens) in den Dienst der Gemeinschaft stellen.

Es lassen sich sieben verschiedene Montessori-Übungs- und -Materialbereiche unterscheiden. Sie stellen eine Art „materialisiertes Curriculum" für den Elementarbereich dar:

- Die Übungen des täglichen Lebens
- Die Übungen für die Bewegung und die Stille
- Die Sinnesmaterialien
- Die Mathematikmaterialien
- Die Sprachmaterialien
- Die Kosmische Erziehung
- Die Angebote kultureller Aktivitäten (Bilderbücher, Malen, Musik hören, Lieder singen usw.)

All diese Materialien sind für Kinder zwischen 2½ bis 6 Jahren geeignet. Um auch Kindern unter 2½ Jahren kindgerechte Materialangebote zu machen, müssten die klassischen Montessori-Materialien um die Dinge erweitert werden, mit denen bereits Einjährige sinnvoll umgehen können. Wie oben beschrieben, wollen Kinder ja von Anfang an greifen, fühlen, sehen und ihre Umgebung erkunden und wir können schon hier maximale Anstrengungen bei den Kleinen beobachten. Einjährige Kinder z. B. stecken gerne große Knöpfe durch einen Schlitz im Deckel einer Dose.

Einige Materialien für die ganz Kleinen wurden bereits entwickelt[1], mit denen sie wichtige Erfahrungen machen können, so z. B.:

- *Objekt-Permanence-Kästen* (ein Gegenstand wird in eine Öffnung gesteckt und verschwindet scheinbar in einem Kasten, kommt dann aber wieder).
- *Infant-Imbucare-Kästen* (verschiedenförmige Gegenstände wie ein

---

[1] Siehe die „Infant-Toddler"-Materialangebote der Firma Nienhuis in den Niederlanden.

Dreieck, Zylinder, Prisma usw. können in entsprechende Öffnungen gesteckt werden).

▪ *Holzkasten mit drei Fächern* (zum Öffnen, eine Übung für das Handgelenk).

▪ *Scheiben auf horizontalem und auf vertikalem Stift* (aufstecken der Gegenstände zur Übung der Augen-Hand-Koordination).

▪ *Puzzlesatz* mit einzelnen und mit mehreren Figuren (neben Augen-Hand-Koordination auch Wahrnehmung verschiedener geometrischer Formen).

Im Rahmen dieses Buches möchte ich mich allerdings auf die Vorstellung einiger klassischer Montessori-Materialien (für Kinder zwischen 2,5 bis 6 Jahren) beschränken.

Die vielen Materialien und Übungen sind in ihrer Art und Handhabung bemerkenswert einfach, doch in ihrer Struktur und Zielsetzung sehr durchdacht. Sie laden das Kind ein, selber aktiv auszuprobieren und sprechen unterschiedlichste kindliche Interessen an. Sie orientieren sich an folgenden wichtigen Kriterien:

5.1 Die besonderen Kennzeichen der Materialien und Übungen

Die Gegenstände für Kinder sollten von ihrer *Größe und Art in Kinderhände passen:* Ein vierjähriges Kind kann nicht mit einem großen Besen kehren (Übung des täglichen Lebens) oder einen großen, schweren Ball fangen.

Die Lern- und Übungsangebote sollten *einfach für die Kinder zu handhaben sein:* Die Holzzylinder z. B. kann ein kleines Kind gut greifen und ausprobieren, welcher Holzzylinder in welche Öffnung passt. Selbst große Zahlen kann ein Kind im Vorschulalter einfach erfassen: Mit dem goldenen Perlenmaterial lassen sich leicht 1233 goldene Perlen abzählen: Es nimmt sich ein festes Tablett, zählt 3 Einer, 3 Zehnerstäbe, 2 Hunderterquadrate und 1 Tausender Würfel ab und legt diese auf ein stabiles Tablett.

Die Materialien und die Umgebung insgesamt sollen einen *Aufforderungscharakter* haben: Die Materialien, die von ihrer Farbe und Gestaltung her schön, vollständig (nicht kaputt), schlicht, spannend und sichtbar platziert sind, laden ein Kind dazu ein, sich damit zu beschäftigen.

Die Materialien und Lernangebote sollten von *sehr guter Qualität* sein, aus haltbarem Holz, gut lackiert und ordentlich verleimt. Auch Arbeitsblätter halten den vielen Kinderhänden nur stand, wenn sie foliert sind. Manches Spielzeug ist mit verschiedenen Anforderungen überfrachtet: Da soll beispielsweise ein kleines Kind in einem „Steckhaus" größer und kleiner, dicker und dünner, verschiedene Farben, Geräusche und Zahlen unterscheiden. All diese Merkmale werden hier dem Kind gleichzeitig angeboten. Dies überfordert aber ein Kind, deshalb sollte ein Material jeweils nur *ein Phänomen isoliert* veranschaulichen. Ein kleines Kind lernt z. B. begeistert größer und kleiner unterscheiden, indem es große und kleine Knöpfe in unterschiedlich große Öffnungen steckt oder die verschiedenen rosa Würfel nach ihrer Größe sortiert und daraus einen Turm aufbaut. Die Worte „größer" und „kleiner" sind hier noch nicht wichtig, sie können später in einer eigenen Übung gelernt werden. Die Montessori-Materialien lassen deshalb alles weg, was von der eigentlichen Funktion ablenken könnte. Um beispielsweise den Blick eines vierjährigen Kindes auf das Binden einer Schleife zu lenken, gibt es den schlichten Schleifenrahmen, und um Gewichte zu unterscheiden, gibt es die Gewichtsbrettchen (vgl. Kap. 5.3). Jedes *Material verfolgt* somit auch *sein eigenes Ziel.*

Die Montessori-Materialien wirken *schlicht und funktional,* indem sie ihren didaktischen Sinn leicht zu erkennen geben. Damit wird es einem Kind schnell deutlich, wie es das Material zu benutzen hat.

Um die Einfachheit und Eindeutigkeit eines Materials zu unterstreichen, sollen die *Materialien nicht entfremdet werden:* das heißt, nicht für eine andere Funktion eingesetzt werden. Die blau-roten Stangen beispielsweise dienen der Anordnung von eins bis zehn und sind keine Holzschwerter.

Wenn die Kinder etwas aus dem überfüllten Regal nehmen, fällt ihnen alles heraus. Es ist jedoch wichtig, dass die *Arbeitsmaterialien gut sichtbar und leicht zugänglich* in den Regalen liegen. Denn die Dinge, die unter einem Stapel anderer Sachen liegen, geraten bei Kindern schnell in Vergessenheit. Und sie können nicht alleine ordentlich an seinen Platz zurückgestellt werden und bleiben unordentlich liegen.

Insgesamt verlieren Kinder in überfüllten Räumen leicht den Überblick, deshalb ist es sinnvoll, die *Auswahl an Materialien* zu *begrenzen.* Ein übermäßiges Angebot, wie auch zu viele Reize beeinträchtigen die kindliche Aufmerksamkeit. Zusätzlich lernen Kinder hierdurch auch sozial sehr viel. Denn für den sozialen Umgang in Gruppen gilt, nicht nur den eigenen Impulsen zu folgen, sondern auch abwarten zu können, bis das andere Kind mit seiner Arbeit fertig ist. Indem die Montessori-Materialien nur einmal und nicht mehrfach vorhanden sind, können die Kinder das Warten und Teilen gut miteinander üben.

Ein weiteres Kriterium für Montessori-Materialien ist die Möglichkeit, selber kontrollieren zu können, ob man es richtig gemacht hat. Und kleine Kinder wollen wissen, ob sie es richtig gemacht haben, sie wollen es richtig können. In den Montessori-Materialien und -Übungen sind deshalb *Erfolgs- beziehungsweise Fehlerkontrollen enthalten* (ausführlich dazu Kap. 5.2.4).

Ein Material ist ein *„Schlüssel zur Welt"* und hat keinen Selbstzweck: Wenn ein Kind die Arbeit an einem Material beendet hat, sollte es in der Lage sein, die dabei neu erlernte Fertigkeit, das neue Wissen auf seine Umgebung zu übertragen. Deshalb gehört zu der Übung auch, dass ein Kind nicht nur die blaue Kugel der geometrischen Körper kennen lernt und weiß, dass eine Kugel rollt, sondern es wird entdecken, was sonst noch in seiner Umgebung vergleichbar aussieht.

Die Materialien verdeutlichen zwar einerseits isoliert einzelne Funktionen, haben aber auch einen *ganzheitlichen Charakter:* denn die einzelnen Übungen beziehen verschiedene Sinne gleichzeitig mit ein. Immer sind motorische, sinnliche und kognitive Prozesse erforderlich und bedingen sich gegenseitig. Beim Greifen der Holzzylinder fühlt (taktil) ein Kind den Zylinder, bewegt (motorisch) ihn und schätzt mit seinen Augen ab, in welche Öffnung der Zylinder passt (Auge-Hand-Koordination). Das ist ein komplexer Vorgang.

Die *Erfahrungsmöglichkeiten der einzelnen Materialien bauen sinnvoll aufeinander auf (vertikale Ordnung):* Reis mit einem Löffel von einer Schüssel in die andere zu füllen (Übung des täglichen Lebens) bereitet auf die Schreibbewegungen (Einsatzzylinder usw.) vor. So sprechen sie die aufeinander folgenden Interessen und Entwicklungsschritte eines Kindes an, fordern heraus und führen weiter. Frühere Erfahrungen und Erlerntes (z. B. anhand der Sinnesmaterialien) speichern Kinder und sie dienen ihnen als eine Art „Anker", an denen sie weitere Erfahrungen und neues Wissen anknüpfen.

Neben dieser vertikalen Gliederung gibt es auch *parallele Übungsmöglichkeiten*, die das Interesse eines Kindes an einem Material länger wach halten. Der gleiche Lerninhalt wird dabei in abgewandelter Form unter einem neuen Blickwinkel betrachtet und kann somit vertieft werden. Parallel zu der Übung des Reisumfüllens kann das Kind diese Fertigkeit, den Löffel zu führen, auch mit anderen Handbewegungen in seinem täglichen Leben verbinden.

Damit ein Kind ein Material gut versteht, sind folgende Aspekte bei einer Materialeinführung hilfreich.

5.2 Die Einführung der Materialien

Bis heute sind wir Erwachsenen oft der Meinung, wir wüssten, wann ein Kind „reif" dafür ist, etwas Bestimmtes zu lernen und wir glauben auch zu wissen, wie es das am Besten versteht. Doch wenn wir geduldig warten, dann sehen wir, dass gerade kleine Kinder interessiert auf Dinge in ihrer Umgebung zugehen, vor allem, wenn sie auf Augenhöhe gut sichtbar und ansprechend gestaltet sind. Sie wollen die Dinge selber in die Hand nehmen und alleine ausprobieren. Wenn sie nicht weiterkommen, werden sie fragen: „Zeigst du mir, wie das geht? Kannst du mir helfen?" Auf diese Bitte sollten wir Erwachsenen warten. Wenn wir dem Kind dann zeigen, wie man die Schleife bindet, es ihm langsam und deutlich vormachen und ihm Zeit lassen, es alleine auszuprobieren, so wird das Kind die Hilfe gut annehmen können. Allerdings braucht ein Kind hierfür Vertrauen, dass wir für Hilfe da sind und wir es ihm so zeigen, dass es wirklich versteht, wie es geht, damit es das zukünftig alleine machen kann.

Ein kleines Kind, das gerade seine Jacke alleine anziehen will, reagiert meistens ärgerlich, wenn eine Erwachsene ihm durch einige schnelle Handbewegungen hilft. In der Regel sagt ein Kind dann lautstark: „Will alleine machen!" Denn wir haben dadurch dem Kind die Gelegenheit genommen, seine eigene Entwicklung voranzutreiben. Erst durch seine eigene Aktivität erlernt es täglich die vielen neuen Fertigkeiten, mit denen es immer unabhängiger wird und werden muss. Montessori meinte, die Bitte der Kinder laute: „Hilf mir, es selbst zu tun." Doch häufig meinen wir, einem Kind zu helfen, indem wir ihm „Arbeiten" abnehmen: Wir ziehen ihm jahrelang die Jacke an, statt ihm zu zeigen, wie es das alleine tun kann; wir schreiben seinen Namen auf, statt ihm zu zeigen, wie es seine Schreibbewegungen verfeinert und wie man die Buchstaben schreibt; wir lösen ihm seine Probleme, ohne seine eigenen Ideen hierzu zu fördern. Wir sollten unsere Hilfe nur anbieten und nicht aufdrängen: „Darf ich dir helfen? Oder soll ich dir das zeigen?"

Es reicht nicht, Kindern Lernangebote bereitzustellen, es hilft auch nicht, ihm schwierige Dinge abzunehmen und es reicht auch nicht, Kindern etwas mit Worten zu erklären, denn sie verstehen unsere Worte noch nicht immer. Auf was sollten wir also achten, wenn wir Kindern Lernangebote machen?

5.2.1 Das Prinzip Freiheit

Wie bereits erwähnt, besitzen nach Auffassung Montessoris alle Menschen von Geburt an einen inneren Bauplan, der ihre Entwicklung und ihre Lernprozesse leitet. Indem ein Kind sich von Geburt an aktiv mit seiner für ihn anregenden Umwelt auseinander setzt, entfaltet sich sein individueller Bauplan auf ganz natürliche Weise. Und dass Kinder alle notwendigen Voraussetzungen für ihre individuelle Entwicklung von Geburt an mitbringen, zeigen ja auch Ergebnisse aus der Hirnforschung. Deshalb war es für Montessori ein großes Anliegen, Kinder in Freiheit – ohne Zwang – zu erziehen. Freiheit, im Sinne Montessoris, ist etwas, was wir letztlich gar nicht geben können, sondern:

„Während meines ganzen Lebens habe ich die Notwendigkeit der Freiheit der Wahl, der Selbstständigkeit des Denkens und der menschlichen Würde proklamiert. Jedenfalls bin ich der Meinung, dass eine wahre und innere Freiheit nicht gegeben werden kann, sie kann nicht einmal erobert werden, sie kann jeder nur in sich selbst als Teil der Persönlichkeit aufbauen und kann deshalb nicht verloren werden." (Montessori 1985, S. 122)
„Wenn wir in der Erziehung von Freiheit sprechen, so meinen wir Freiheit für die schöpferische Kraft, welche der Lebensdrang zur Entwicklung des Kindes ist." (Montessori 1979, S. 20)

Das Prinzip Freiheit[2] bedeutet für Montessori die Grundvoraussetzung für den aktiven Selbstaufbau der eigenen Personalität.

Folgende vier Arten der Freiheit gelten für die „Freiarbeit", einen Begriff, den wir heute in unterschiedlichsten Schulsituationen antreffen, ohne dass hier immer die Prinzipien der Freiheit und das gesamte Bedingungsgefüge im Sinne Montessoris verwirklicht werden:

Das Kind soll selbst frei auswählen, womit es sich beschäftigt: *freie Wahl der Arbeit*. Sie ermöglicht einem Kind, sich mit dem zu beschäftigen, was zu seinem Entwicklungsbedürfnis passt (entsprechend seinem geöffneten „Lernfenster"). Und: Mit dem, was wir lernen wollen, beschäftigen wir uns intensiver und behalten es auch viel besser.

Auch die Dauer seiner Arbeit, also wie lange es sich mit einer Übung beschäftigt, soll es frei wählen können: *die freie Wahl der Zeit*. Sie bietet jedem Kind die Möglichkeit, sich entsprechend seines individuellen Lerntempos so lange mit einem Material zu beschäftigen, bis es seine Funktion verstanden hat und sich darin sicher fühlt. Dieses Lerntempo ist bei jedem Kind unterschiedlich.

Ebenso soll ein Kind frei entscheiden können, wo es seine Übung macht: *die freie Wahl des Ortes*. Sie lässt zu, dass sich Kinder in eine für sie angenehme Position begeben. Manche lernen besser liegend auf dem Boden, andere müssen dabei die Füße baumeln lassen.

Und jedes Kind soll selbst entscheiden dürfen, ob es eine Arbeit alleine durchführt oder mit welchem Partner es das gemeinsam tun will: *die freie Wahl des Partners* ermöglicht das Lernen von Gleichaltrigen und fördert soziale Kompetenzen, wie die freie Arbeit überhaupt, die ja nur funktioniert, wenn die Kinder sich dabei nicht gegenseitig stören. Da viele Kinder interessiert und konzentriert mit ihrer Arbeit beschäftigt sind, beschweren sie sich selbst bei störenden Kindern („Sei leise, das stört mich"). Denn die Freiheit des Einzelnen endet selbstverständlich da, wo die Freiheit des Anderen beginnt.

Diese Prinzipien der Freiheit sollten die Grundlage bilden für den

---

[2] Ebenso betont Jean Piaget, dass sich eine menschenwürdige Intelligenz nur durch die Freiheit zum Handeln, zum Experimentieren, zum Fehler machen und Fehler korrigieren entwickelt. Strenge, autoritäre Führung hingegen verstärke den Egozentrismus und verzögere die Entwicklung einer Persönlichkeit.

Umgang mit den Kindern, wenn wir ihre Würde schützen und sie auf unsere Demokratie vorbereiten wollen.

Allerdings führt die Idee der Freiheit und Freiarbeit im alltäglichen Sprachgebrauch leicht zu Missverständnissen und wird teilweise mit einer Art Lustprinzip oder sogar mit „laissez-faire" verwechselt. Doch Freiheit bedeutet hier nicht, dass man Kinder sich selbst überlässt. Im Gegenteil, Freiheit muss ermöglicht werden:

Damit sich Kinder frei entfalten können, braucht es immer sinnvolle Grenzen und die Bindung des kindlichen Interesses. Eine Freiheit ohne Rahmen ist keine Freiheit, wie ein Haus ohne Wände kein Haus ist. Somit ist die Freiarbeit nicht nur den Prinzipien der Freiheit verpflichtet, sondern weitere wichtige Rahmenbedingungen kommen nach Montessori hinzu: die vorbereitete, kindgerechte Umgebung, mit Angeboten für das Kind, die sein von innen hergeleitetes Interesse wecken und seine Aktivität anregen. Denn so lernt ein Kind seine Energie in zielgerichtete, sinnvolle Handlungen umzusetzen und baut seine Freiheit auf.

„Nur das Kind, das weiß, was es benötigt, um sich zu üben und sein geistiges Leben zu entwickeln, kann wirklich frei auswählen. Man kann von keiner freien Wahl sprechen, wenn jeder äußere Gegenstand gleichermaßen das Kind lockt und wenn dieses auf Grund mangelnder Willenskraft jedem Anruf folgt und rastlos von einem Ding zum anderen übergeht. Das ist eine der wichtigsten Unterscheidungen, zu der eine Lehrerin kommen muss. Das Kind, das noch nicht einer inneren Führung gehorchen kann, ist noch nicht das freie Kind, das sich auf den langen und schmalen Weg der Vervollkommnung begibt." (Montessori 1997, S. 244)

Erst wenn ein Kind aus einem Angebot an Materialien etwas auswählt, weil es seinem tieferen Interesse entspringt und es sich ausdauernd und konzentriert, sogar mit Freude damit beschäftigt, zeigt es seine Freiheit. Hierin sollten wir Erwachsenen die Kinder begleiten. Die wahre Erziehung besteht nach Montessori darin, zuerst das Kind zu entdecken und es dann zu befreien, damit sich die kindliche Seele spontan offenbaren kann (vgl. Montessori 1980, S. 154).

5.2.2 Die Darbietung des Materials

Bevor ein Kind selbstständig mit einem Material arbeiten kann, wird es darin von der Erzieherin oder einem Kind, das bereits mit dem Material gearbeitet hat, eingeführt. Damit ein Kind die Darbietung eines neuen Materials gut versteht, hat sich folgende Vorgehensweise bewährt:

- Entsprechend dem Prinzip „Freiheit" sollte *ein Kind selbst den Zeitpunkt wählen, wann es eine Übung macht und wie lange es dafür braucht.* Wenn also ein Kind uns fragt: „Zeigst du mir, wie das geht? und sich ein Material ausgesucht hat, dann führen wir es darin ein. Allerdings sind manche Kinder in der Gruppe zurückhaltender und ängstlich, sie kann man selbstverständlich auch zu einer Übung einladen und sie ermuntern, aktiv ein Material auszuprobieren („Soll ich dir mal die Geruchsdosen zeigen?").

- Viele der Montessori-Übungen sind Einzelübungen und sollten deshalb auch einem einzelnen Kind und nicht (um Zeit zu sparen) mehreren Kindern gleichzeitig gezeigt werden. Gruppenübungen wiederum sollten auch einer ganzen Gruppe gleichzeitig vorgeführt werden.

- *Wir richten uns einen Arbeitsplatz her:* wenn das Kind auf dem Boden arbeiten möchte, nehmen wir aus einem Teppichständer einen Arbeitsteppich und legen ihn an den geplanten Platz. Damit Kinder sich gut auf eine Sache konzentrieren und sie durch äußere Ordnung auch zu innerer Ordnung gelangen, müssen alle *ablenkenden Dinge vom Arbeitsplatz weggeräumt werden.* Das heißt, die Arbeitsfläche sollte vor Beginn der Arbeit leer sein.

- Dann wird das *Material* vorsichtig aus dem Regal geholt und auf dem Arbeitsplatz *angeordnet* (siehe hierzu die nachfolgenden Materialbeispiele).

- Ohne zu sprechen beginnen wir dann die Übung. Jeder *einzelne Schritt des gesamten Bewegungsablaufs wird sehr langsam und deutlich – ohne Worte – vorgemacht.* Das fällt uns Erwachsenen natürlich nicht immer leicht, da wir ja viele Bewegungsabläufe bereits so verinnerlicht haben, dass wir sie unbewusst machen und ihre einzelnen kleinen Schritte nicht mehr differenzieren. Wenn wir uns z. B. beim Schleifebinden in allen einzelnen Schritten klarmachen sollen, was wir da eigentlich tun, fällt uns auf, wie wir zuerst die beiden Schnürsenkelenden jeweils in eine Hand nehmen, sie dann übereinander kreuzen, dann für einen einfachen Knoten ineinanderschieben, um daraufhin mit dem einem Ende eine Schlaufe zu fassen usw. Es bedarf hierfür vieler kleiner Schritte. Für ein dreijähriges Kind reicht es deshalb zu Beginn aus, die Bewegungen für den einfachen Knoten zu sehen und zu üben. Dabei können wir das Üben eines Knotens noch vereinfachen, indem wir zwei verschiedenfarbige Bändel in einem Rahmen mit zwei Stoffstücken annähen (ein weiteres Montessori-Material, vgl. S. 83), so dass das Kind sehen kann, wie die Bändel beim Knoten und später beim Schleifebinden die Seiten wechseln. Wenn wir neben unseren Bewegungen sprechen, so lenken wir kleine Kinder vom eigentlichen Geschehen ab, sie müssen dann versuchen, unsere Worte zu verstehen und schauen nicht mehr so sorgfältig auf die Handhabung der Gegenstände. Denn Vorschulkinder verfügen noch nicht über einen so umfangreichen Wortschatz wie wir Erwachsenen. Entsprechend lernen sie in erster Linie über die Nachahmung (in den ersten drei Lebensjahren lernen Kinder mehr als 80 Prozent über die Nachahmung). Erst im Sekundarbereich werden die konkreten Anschauungsbeispiele in Form von Materialien in den Hintergrund treten, denn Jugendliche sind fähig zu abstrahieren und verbale Erklärungen besser zu verstehen. Vor allem, wenn sie in jungen Jahren viele konkrete Beispiele verinnerlicht haben und nun an diese anknüpfen können.

▪ *Wir setzen oder stellen uns so hin, dass ein Kind unsere Bewegungen gut sehen kann:* wenn wir Rechtshänder/in sind, sitzt das Kind links von uns (damit unser rechter aktiver Arm nicht das Material verdeckt) und bei Linkshändern andersherum. Wollen wir beispielsweise einem dreijährigen Jungen zeigen, wie man sich die Hände wäscht (Übung des praktischen Lebens) dann stellen wir uns so hin, dass das Kind unsere Bewegungen gut sehen kann und machen die vielen kleinen Bewegungen des Händewaschens sehr langsam, sorgfältig, sogar übertrieben vor. Das Kind wird diese Übung ganz selbstverständlich genau so nachmachen, wie wir sie ihm gezeigt haben.

▪ Wenn wir *sprechen*, dann *mit einfachen, verständlichen Worten*, damit ein Kind uns leicht verstehen kann. Das heißt z. B., keine unklaren Fremdwörter und keine abstrakten Begriffe benutzen. Die Zeiten, um miteinander zu sprechen sind natürlich ganz wichtig, sollten allerdings zu einer anderen Zeit stattfinden als die Übungen. Durch unsere Gespräche lernen die Kinder die Sprache besser.

▪ Um für jüngere Kinder verständlich zu sein, ist es gut, *eindeutige Begriffe zu benutzen:* Eine Geldbörse ist eine Geldbörse und nicht mal ein Portemonnaie und dann wieder eine Geldbörse. Oder eine Jacke ist eine Jacke und nicht heute ein Anorak und morgen ein Jackett. Es hilft den Kindern, die Bedeutungen von Wörtern einem Gegenstand eindeutig zuzuordnen und somit die Bedeutungen der Wörter zu erlernen.

▪ Auch unsere *Fragen und Aufträge* sollten *eindeutig* sein. Vor allem Vorschulkinder sind schnell irritiert, wenn wir mehrere Fragen auf einmal stellen, dabei vielleicht noch aufräumen und das Kind nicht anschauen: „Willst du jetzt in den Garten und warst du schon auf Toilette?" Wie schnell ist da das Kind ohne Antwort verschwunden? Oder wie antwortet ein kleines Kind auf die Fragen: „Willst du das Buch anschauen oder soll ich dir ein Material zeigen?" Meistens folgt hierauf ein „Ja", womit wir immer noch nicht wissen, was es nun will. Eine eindeutige Antwort mit „Ja" oder „Nein" erhalten wir am sichersten, wenn wir *jede Frage einzeln stellen und Blickkontakt mit dem angesprochenen Kind haben.* Ebenso sollten unsere *Aufträge klar und eindeutig* sein. Wenn wir wollen, dass ein Kind etwas macht, dann sollten wir es auch deutlich sagen und nicht mit einer Frage eine Entscheidungsmöglichkeit vortäuschen. Also nicht fragen: „Räumst du jetzt bitte deine Schuhe ins Regal?" Wenn wir wollen, dass das Kind den Auftrag direkt ausführt, dann ist es viel eindeutiger, wenn wir sagen: „Bitte räume deine Schuhe jetzt ins Regal!"

▪ Im Dialog mit Kindern ist es wichtig – vor allem für kleinere Kinder –, dass *unsere Aussprache deutlich, klar* und *langsam* ist. Wer „nuschelt", wird auch schlecht verstanden und erschwert einem Kind den Spracherwerb.

▪ Ferner sollten wir Erwachsenen versuchen, *freundlich und leise* mit Kindern zu sprechen. Und in angespannten Situationen hilft sogar manchmal eine humorvolle Äußerung. Leider nehmen wir teilweise eine kindliche Laune oder Äußerung zu ernst und übersehen, wie wichtig das Lachen und der Humor für menschliche Beziehungen sind, denn dies schafft einen positiven Kontakt mit einander.

▪ Ebenfalls ist es wichtig, dass wir *Kindern Zeit lassen* für das, womit sie sich gerade konzentriert beschäftigen: Sie sollen so lange mit einem Material üben können, wie sie es benötigen. Manche neue Fertigkeiten und Erkenntnisse festigen sich erst, wenn man sie sehr oft wiederholt hat. Kinder beenden eine Arbeit von alleine, wenn sie die neue Fertigkeit wirklich beherrschen. So lange sollten wir nicht eingreifen und es durch andere Aufträge oder Kommentare stören. Wenn ein Fünfjähriger das goldene Perlenmaterial sortiert und am nächsten Tag damit weitermachen möchte, so sollte er das Material liegen lassen dürfen. Damit niemand anders es ihm streitig machen kann (jedes Material ist ja nur einmal vorhanden), kann er ein Kärtchen mit seinem Namen (oder ein Symbol) auf das Material legen.

▪ Manchmal fragt ein Kind schon: „Darf ich jetzt?", während wir die Einführung in ein neues Material noch nicht beendet haben. Doch die *Übung soll erst einmal deutlich bis zum Schluss vorgemacht werden.* Denn am Schluss wird gezeigt, wie man seine Übung selber kontrollieren kann, ob alles richtig war oder nicht.

▪ Sollte uns auffallen, dass das Kind einen Fehler macht, so sagt man ihm nicht: „Das machst du falsch, so geht das aber nicht." Sondern man bittet das Kind, nochmals zuzuschauen: „Komm, ich möchte es dir noch einmal zeigen." Meistens erkennt das Kind dann selbst, dass es etwas anders („falsch") gemacht hat (Kinder sind ausgesprochen gute Beobachter) und es wird die Übung neu probieren. Auch am Ende der Übung brauchen wir die Arbeit nicht zu kontrollieren, das kann das Kind mit Hilfe der im Material vorgesehenen *Fehlerkontrolle* selber tun.

▪ Eine Arbeit bzw. Übung ist erst dann abgeschlossen, wenn das Material wieder ordentlich an seinen Platz zurückgeräumt wurde. Damit machen wir den Kindern vor, dass zu einer Übung, einer „Arbeit", das Holen und das Herrichten des Arbeitsplatzes sowie das Aufräumen gehören.

5.2.3 Die Drei-Stufen-Lektion

Kinder üben anhand der Materialien die Umgebung differenzierter wahrzunehmen, Gegenstände hinsichtlich verschiedener Merkmale (Oberflächenstruktur, Größe, Farbe oder Form usw.) zu unterscheiden und sie erlernen neue Fertigkeiten, erkennen Funktionen. Alles das geschieht erst einmal ohne die entsprechenden Begriffe: Mit den Farbtäfelchen (Sinnes-

material) kann ein Kind Paare bilden, ohne die entsprechenden Farbnamen zu kennen. Erst wenn das Kind sicher darin ist, die Farben zu erkennen und problemlos Paare bildet, bietet man ihm die entsprechenden
Farbnamen an. Ebenso werden die blau-roten-Stangen zu Beginn ihrer
Länge nach sortiert und vermitteln dem Kind erst einmal die Idee der
Zahlen von 1 bis 10 über die Menge. Dann kann das Kind ausprobieren,
wie sich eine lange Stange auch durch das Zusammenfügen von zwei anderen Stangen bilden lässt (die Einer- und die Neuner-Stange ergeben zusammen die gleiche Länge wie die Zehner-Stange usw.). Dafür braucht es
noch keine Zahlenbegriffe. Erst wenn das Kind diese Übungen mit dem
Material ausreichend erprobt hat und im Umgang damit sicher geworden
ist, bietet man dem Kind die Zahlenbegriffe von 1 bis 10 an.

Damit Kinder wichtige Begriffe gut erlernen, wendet die Montessori-
Methode die so genannte *Drei-Stufen-Lektion* an.

Ein Beispiel soll sie erläutern: Es dauert einige Zeit, bis kleine Kinder
(Zwei- bis Dreijährige) die verschiedenen Farbnamen verstanden haben.
Am einfachsten ist es für sie, wenn wir ihnen zu Beginn nur drei Farbtäfelchen (Sinnesmaterial) anbieten, ein rotes, ein gelbes und ein blaues Täfel-
chen, die es über das Bilden von Farbpaaren schon sinnlich erfahren hat.
Die einzelnen Täfelchen werden nun hochgehoben und jeweils benannt:
„Das ist Rot" etc. Im zweiten Schritt lässt man das Kind aktiv werden, indem man es auffordert: „Gib mir Rot (Gelb, Blau)", bis wir sehen, das
Kind gibt uns die richtige Farbe. Zur Übung kann man jetzt das Kind
auch bitten: „Bitte lege Rot auf die Fensterbank." Nachdem das Kind
dies getan hat, ermuntern wir es: „Bitte lege Blau in das Bücherregal."
Und danach fordern wir es auf: „Bitte lege Gelb auf meinen Stuhl."
Wenn das Kind diese kleinen Aufträge ausgeführt hat (was die Kinder in
der Regel sehr gerne tun, denn sie bewegen sich ja gerne), dann bitten wir
es, jeweils die einzelnen Farben in unterschiedlicher Reihenfolge zurück-
zuholen. Um zu sehen, ob das Kind nun die Farbnamen verinnerlicht hat
und sie auch erinnert, wenn es den Farbnamen nicht mehr hört, heben
wir im dritten Schritt jeweils ein Farbtäfelchen hoch und fragen: „Was ist
das?" Wenn das Kind jetzt die Farbnamen selber erinnert, dann hat es sie
wirklich gelernt.

Diese *drei Schritte* sind sinnvoll, um Begriffe, Zahlen, Buchstaben, Ad-
jektive (lang, länger, am längsten; rau, rauer, am rauesten) usw. zu erlernen:

- „Das ist ...": Das Wort hören, während der entsprechende Gegenstand zu sehen ist.
- „Zeige mir, Gib mir, hole mir ...": Das neue Wort selber dem Gegenstand zuordnen, während das Wort wieder zu hören ist.
- „Was ist das?": Das Wort für den jeweiligen Gegenstand selbstständig erinnern.

Die Drei-Stufenlektion zeigt uns, wie schwierig der Spracherwerb ist. Kinder brauchen Zeit, müssen gut zuhören und gleichzeitig gut hinschauen, bis sie einen Begriff einem Gegenstand zuordnen können. Eine lange und schwierige Aufgabe, bei der wir Erwachsenen den Kindern respektvolle Unterstützung bieten können.

5.2.4 Die Fehlerkontrolle

Wer sich entwickelt und wer lernt, macht auch Fehler. Nur leider gehen wir in unserer Gesellschaft nicht sehr gnädig mit Fehlern um. Im Gegenteil, meistens haben wir Angst, Fehler zu machen und wir erinnern uns daran, wie unangenehm es in unserer Schulzeit war, wenn wir etwas falsch gemacht haben und dafür eine schlechte Note erhielten. Manchmal hemmt die Angst sogar so sehr, dass einem die Lust auf das Lernen vergeht und man beim Lernen (bzw. einer Leistungsüberprüfung) blockiert ist. Fehler werden zu oft abgewertet und verurteilt. Hinzu kommt, dass uns meistens ein anderer, eine „klügere" Person auf unseren Fehler aufmerksam macht und uns zeigt, wie wir es richtig zu machen haben. Mit Kindern gehen wir, in guter Absicht, genauso um: „Nein, so macht man das aber nicht, das machst du falsch." Dabei probiert ein Kind nur aus. Es stellt Hypothesen auf, es stellt Vermutungen an und erprobt diese. Solche „Proben", die wir fälschlich als „Fehler" bewerten, sind eine Chance. Doch sie werden nur als Chance empfunden, wenn man keine Angst davor hat, etwas falsch zu machen und wenn man die Gelegenheit hat, es immer wieder neu zu probieren und man den „Fehler" verbessern kann. Niemand wird gerne von jemand anderem auf einen Fehler aufmerksam gemacht, und doch möchte man es richtig machen und Fehler erkennen. Man möchte sich realistisch einschätzen können. Wie kann das gehen, ohne dass man in seiner Würde verletzt wird?

Mit den Montessori-Materialien kann ein Kind selber prüfen, ob es die Übung richtig gemacht hat oder nicht. Jedes Material hat seine eigene Erfolgs- bzw. Fehlerkontrolle. Manche Erwachsene werden da kritisch fragen, ob Kinder dann nicht schummeln? In der Praxis zeigt sich, dass Kinder sich nicht selbst betrügen, sie wollen dazulernen, ihr Können und Wissen verbessern und sie wollen es alleine machen, ohne dass sie das Ergebnis schon vorher wissen. Der Reiz und der Ansporn für eine Übung liegt ja darin, es selber auszuprobieren. Das Erfolgserlebnis ist am größten, wenn ein Kind es ohne die Hilfe der Großen geschafft hat.

Bei den Sinnesmaterialien, bei denen man durch das Hören gleicher Klänge (vgl. Kap. 5.1), das Riechen gleicher Gerüche, das Schmecken gleicher Geschmacksstoffe usw. Paare bildet, sind diese Paare durch gleiche Farbpunkte gekennzeichnet. Anhand dieser Farbpunkte kann ein Kind so selbst nachschauen, ob es die richtigen Paare gebildet hat.

Die Fehlerkontrolle bei den Holzzylindern besteht darin, dass zum Schluss kein Zylinder übrig bleiben darf. Das geht nur, wenn alle in die richtige Öffnung gesteckt wurden.

Und beim Auslegen der blau-roten-Stangen kann ein Kind mit Hilfe der kleinsten Einer-Stange seine Arbeit kontrollieren: Das Kind sortiert die Stangen der Länge nach und so entsteht eine Art liegende Treppe. Der Abstand zur nächsten Stange beträgt immer die Länge der Einer-Stange. Indem das Kind diese Einer-Stange am Ende der Treppe anlegt, weiß es, ob es die richtige Reihe sortiert hat.

Auch bei den Übungen des praktischen Lebens gibt es solche Fehlerkontrollen: Bei den verschiedenen Umschüttübungen bemerkt ein Kind sehr schnell selbst, ob etwas auf das Tablett daneben geschüttet wurde und es weiß, dass es seine Bewegungen noch verfeinern muss. Das braucht ihm keine Erwachsene zu sagen. Das Kind wischt das Verschüttete selber mit dem beiliegenden Lappen weg.

Indem ein Kind seine Fehler selber kontrollieren und korrigieren kann, bleibt seine empfindliche Würde geschützt.

Durch die eigene Fehlerkontrolle wird auch unser Lob über eine Übung, die richtig gemacht wurde, überflüssig. Kinder bemerken selbst voller Stolz, wenn sie etwas richtig gemacht haben, wenn eine Übung erfolgreich verlief. Voller Stolz werden sie schon bald das Neugelernte in anderen Bereichen anwenden: Wenn ein Kind durch die Übungen des praktischen Lebens gelernt hat, Wasser umzuschütten, dann wird es zu Hause

bei Tisch auch sein Glas selbst füllen. Es ist auf natürliche Weise im Kind angelegt, immer unabhängiger von uns Erwachsenen zu werden (erwachsen zu werden).

Die Montessori-Methode möchte durch die Selbsttätigkeit der Kinder zu dieser Selbstständigkeit hinführen. Die eigenständige Fehlerkontrolle ist dabei ein wichtiger Aspekt. Denn kleine Kinder, die noch in enger Beziehung zu uns Erwachsenen stehen und unsere Äußerungen, unsere Beurteilungen sehr ernst nehmen, machen vieles, um uns zu gefallen. Wenn wir sagen: „Das hast du aber schön gemacht!", so werden sie auch andere Dinge tun, damit wir das wieder loben. Doch damit fördern wir Abhängigkeit. Macht ein Kind jedoch eine Übung oder malt ein Bild und kann selbst erkennen: „Das habe ich gut gemacht", wird es unabhängiger von unserem Urteil, es lernt, sich selbst einzuschätzen.

Natürlich werden Kinder uns weiterhin fragen: „Wie findest du das?" Doch erst, wenn ein Kind selber sein „Urteil" gefasst hat, können wir auch unsere Meinung sagen: „Wie findest du es denn? Bist du zufrieden mit dir?" Leistungsbeurteilungen sollten sich also immer an den Fähigkeiten jedes einzelnen Kindes orientieren und auch nur eine Rückmeldung sein, die das Kind sich eigentlich selber geben kann. Ein Fünfjähriger, der die Zahlen von 1 bis 10 über die Materialien erfasst hat und nun schon erste Aufgaben rechnet, weiß, dass er das kann und motiviert von innen heraus zu Neuem.

Je mehr wir die Leistungen der Kinder abfragen und überprüfen wollen, desto mehr bekommen Kinder Angst, ob sie unseren Erwartungen gerecht werden. Sie konzentrieren sich dann nicht mehr auf die Materialien und die damit verbundenen Lernmöglichkeiten, sondern darauf, es richtig zu machen. Lernen bedeutet jedoch mehr als ein Ziel zu erreichen: Der Weg ist hier das Ziel, also die Übung mit ihren Versuchen und Irrtümern bedeutet Lernen, nicht der ordentlich aufgebaute rosa Turm.

5.3 Material- und Übungsbeispiele

In einer kindgerechten Umgebung stehen viele offene Regale, die nur so hoch sind, dass die kleinen Kinder gut an alle Regalfächer herankommen. In diesen Regalen sind die verschiedenen Materialien thematisch einsortiert und für die Kinder frei zugänglich. Jedes Material ist übersichtlich angeordnet: Die blau-roten-Stangen z. B. liegen nicht aufeinan-

dergestapelt, sondern so, wie sie in der Übung auch sortiert werden, also in Form einer Treppe vom Größten zum Kleinsten. Wenn Materialteile übereinanderliegen, lassen sie sich von den Kindern schlecht greifen und fallen leichter herunter. Um mit Materialien auch gut auf dem Boden arbeiten zu können, sind einfarbige Teppiche (ca. 70 cm x 120 cm) sinnvoll. Die Kinder finden sie aufgerollt in einem Ständer, aus dem sie die Teppiche ohne Hilfe leicht herausnehmen können.

Neben vielen Grundlagen, die wir bisher angesprochen haben, sind natürlich die Montessori-Materialien und Übungen das, was die Aufmerksamkeit der Kinder wecken und binden soll, im Sinne der „Polarisation der Aufmerksamkeit". Und die ist, wie eingangs beschrieben, die Basis und das Ziel der Montessori-Pädagogik. Ich möchte im Folgenden einige Materialien und Übungen[3] näher vorstellen:

5.3.1 Übungen des praktischen Lebens

Die *Übungen des praktischen Lebens* helfen dem Kind, seine Bewegungen, die es in seinem Alltag braucht, zu verfeinern. Es sind Übungen, die einem Kind in kleinen, deutlichen Schritten zeigt, wie es seine Hände selber wäscht, wie man Wäsche faltet, bügelt, einen Tisch deckt, Blumen pflegt, Schuhe putzt, Schleifen und andere Verschlüsse schließt usw. Dadurch kommt ein Kind zunehmend im Alltag alleine zurecht und wird immer unabhängiger von der Hilfe der Erwachsenen. Als „Materialien" dienen hier Haushaltsgegenstände und Dinge für die Körperpflege.

Diese Übungen sind für Kinder zwischen etwa 2,5 bis 4 Jahren, also für kleine Kinder geeignet. Allerdings mag es auch im Kindergartenalltag sehr wohl Kinder geben, die erst mit fünf Jahren das Binden einer Schleife üben wollen. Die Altersangaben sind somit keinesfalls absolut. Übrigens machen auch Jungen diese Übungen sehr gerne, was die Rollenflexibilität fördert.

Als allgemeine Ziele der Übungen des praktischen Lebens lassen sich folgende vier Ziele zusammenfassen:

---

[3] Dabei orientiere ich mich an den Materialordnern, die ich im Rahmen meiner Ausbildung zur Montessori-Pädagogin 1991–1992 in Karlsruhe (Leitung: Dr. Brigitta Fuchs) bei der Deutschen Montessori-Gesellschaft Würzburg angefertigt habe.

- Sie kanalisieren in sinnvoller Weise den großen Bewegungsdrang kleiner Kinder.
- Sie fördern, koordinieren, verfeinern und harmonisieren kindliche Bewegungsabläufe.
- Sie fördern die Selbstkontrolle, die Selbstständigkeit und Unabhängigkeit des Kindes vom Erwachsenen, somit seine Sicherheit und sein Selbstwertgefühl.
- Sie fördern ein Verantwortungsbewusstsein für die Umgebung. Es bildet sich über die äußere Ordnung eine innere Ordnung und ein Gespür für soziale und in der Kultur typische Verhaltensweisen.

Wie Sie sehen werden, können die Übungen des praktischen Lebens auch mit wenigen, bereits vorhandenen oder leicht selber herzustellenden Materialien durchgeführt werden.

Beispiele für Übungen des praktischen Lebens:

- Die Umgebung ordnen und pflegen

1. Übungen im Haus: Stühle und Tische ordnen; Fußboden fegen, putzen; Staub wischen; Tisch decken; Tisch abräumen; Geschirr spülen; Fenster und Bilder reinigen; Wäsche waschen; Wäsche falten; Wäsche bügeln; Zimmerpflanzen pflegen (gießen, entstauben, vertrocknete Blätter bzw. Blüten entfernen; Mahlzeiten vorbereiten, kochen: Wasser umschütten; Reis umschütten; Körner, Nüsse mahlen; Eier rühren, Eischnee mit Schneebesen aufschlagen; Erbsen und Bohnen aushülsen; Salat putzen; Marmelade und Gelee kochen und in Gläser füllen; Mehl sieben; Früchte schälen und schneiden (Fruchtsalat anrichten); Kartoffeln schälen etc.

2. Übungen außerhalb des Hauses, im Garten: Trockene Blätter von Pflanzen entfernen; Laub zusammenfegen; Gras harken; Samen säen; Früchte ernten, einsammeln; Früchte trocknen; Tiere pflegen etc.

3. Die eigene Person pflegen: Hände waschen; Haare waschen; Haare bürsten bzw. kämmen; Zähne putzen; Baden; Duschen; Fingernägel schneiden, reinigen; Schuhe und Stiefel putzen; Kleidung ausbürsten; Kleidung falten und aufhängen; Sich anziehen, Verschlüsse öffnen; Sich ausziehen, Verschlüsse (Druckknöpfe, Schleifen etc am Rahmen) schließen; ein Pflaster schneiden, einen Verband anlegen etc.

4. Verhalten in der Gemeinschaft: sich begrüßen (Freunde, Verwandte; Fremde); Begrüßungsformen in anderen Ländern; jemandem etwas anbieten; Platz anbieten und dorthin begleiten; wenn jemandem etwas herunterfällt, es aufheben; sich im Raum bewegen, ohne jemanden anzustoßen etc.

Nachfolgend sind einige dieser Übungen ausführlicher vorgestellt. Ohne jedes Mal darauf hinzuweisen, sei noch einmal daran erinnert, dass eine Übung erst dann beendet ist, wenn die Materialien wieder an ihren Platz zurückgeräumt wurden.

Reis umschütten

Alter: ab etwa 3 Jahren

Material: Auf einem Tablett befinden sich zwei kleinere Schüsseln und ein kleiner Löffel. Eine Schüssel ist mit Reis gefüllt.

Einführung: Vielleicht lädt man das Kind ein: „Soll ich Dir zeigen, wie man Reis umschüttet?" Wenn das Kind mag, holt man das Tablett auf den sonst leeren Tisch und sitzt so, dass das Kind gut zuschauen kann. Dann nimmt man den Löffel so in die Hand, wie man auch einen Stift hält, und füllt langsam und vorsichtig den Reis in die leere Schale um. Wenn ein Reiskorn daneben fällt, wird es mit dem Daumen, dem Zeige- und dem Mittelfinger (Pinzettengriff) aufgehoben und in die zu füllende Schale getan.

Erfolgskontrolle: Wenn kein Reiskorn daneben gefallen ist, dann wurde der Reis „erfolgreich" umgeschüttet.

Übungsmöglichkeiten: Es lassen sich auch mit der Pinzette Erbsen umfüllen oder in eine kleine Öffnung stecken.

Ziele: Hier üben Kinder ihre Augen-Handkoordination, die sie auf die späteren Schreibbewegungen vorbereitet. Die Konzentration wird gefördert. Zudem ist diese Übung eine Hilfe, um in Alltagssituation besser/selbstständiger zu recht zu kommen.

Wasser gießen

Alter: ab 3 Jahren

Material: ein Tablett, darauf ein kleiner Glaskrug mit gefärbtem Wasser, zwei Gläser und ein Lappen.

Einführung: Die Erwachsene fasst den Glaskrug am Henkel und gießt langsam das gefärbte Wasser in die beiden Gläser. Wenn ein Tropfen daneben tropft, wischt man ihn mit dem Lappen sorgfältig weg.

Erfolgskontrolle: Wenn kein Wassertropfen auf das Tablett getropft ist, dann hat man es richtig gemacht.

Übungsmöglichkeit: Um die Übung schwieriger zu machen, kann man das Wasser aus dem Krug auch in einen Trichter oder eine Flasche mit kleinerer Öffnung schütten. Oder man füllt Wasser in ein undurchsichtiges Gefäß.

Ziele: Wieder übt ein Kind hier Konzentration und seine feinen Bewegungen, die es mit seinen Augen kontrollieren kann. Gleichzeitig kann es erste Eindrücke der Mengenvarianz wahrnehmen. Und es lernt, sich sein Getränk alleine einzuschenken.

▦ Rahmen mit Verschlüssen

Es gibt verschiedene Verschlussrahmen, z. B.: Rahmen mit 5 Knöpfen, 5 Druckknöpfen; Reißverschluss; 5 Schnallen, 5 Schleifen; Schnürsenkel zum Einfädeln, Schnürsenkel um Haken schlingen (alle Rahmen werden immer erst geöffnet und dann geschlossen).

Alter: 2,5 bis 3,5 Jahre

Material am Beispiel des Schleifen-Rahmens: Holzrahmen in der Größe von 29,5 x 29,5 cm, die mit Stoff bespannt sind. Der Stoff ist in zwei Hälften geteilt. An der einen Stoffhälfte sind 5 weiße, an der anderen 5 rote Bänder angenäht, die sich zu einer Schleife zusammenbinden lassen und so die zwei Stoffteile verschließen.

Einführung: Bevor Kinder mit dem schwierigeren Vorgang des Schleifebindens beginnen, ist es gut, wenn sie erst einfachere Verschlussrahmen (Druckknöpfe, Knöpfe usw.) ausprobiert haben.

Jede Schleife wird einzeln geöffnet, indem man an den Schleifenenden zieht. Man zeigt dem Kind, dass die beiden Stoffteile, die durch die Schleifen geschlossen waren, nun offen sind.

Beim Schließen beginnt man damit, die Bänder mit je derselben Farbe auf die selbe Seite zu legen, zu der sie gehören. Dann nimmt man die ersten zwei Bänder (für eine Schleife) in die Hände, ein Band rechts, eins links und überkreuzt sie, legt sie also auf der anderen Seite des Rahmens ab. Nun schlingt man die zwei Bänder ineinander und

macht einen Knoten. Jetzt nimmt man das linke Band in die Hand und formt daraus eine Schlinge, die auf die Mitte des Knotens gelegt und dort festgehalten wird. Mit der rechten Hand nimmt man das Band der rechten Seite und schlingt es über die Schlaufe der linken Hand, führt es weiter von unten her verdoppelt durch die Schlinge durch. Jetzt kann man dieses Band ebenfalls in Form einer Schlaufe hervorziehen. Beide Schlaufen werden noch auf gleiche Größe zurechtgezogen und fertig ist die Schleife. Die restlichen vier Schleifen werden ebenso gebunden.

Erfolgskontrolle: Wenn man den Rahmen hochhebt, so bleiben die beiden Stoffteile geschlossen. Sind die Bänder richtig geschlossen, sind die Stoffteile harmonisch. Bei einem Fehler sehen sie disharmonisch (schief) aus.

Ziele: Sich unabhängig anziehen können, seine Bewegungen koordinieren.

■ Servietten falten

Alter: 2,5 bis 4 Jahre

Material: Quadratische, helle Stoffservietten. Auf den Servietten sind mit einem dunklen Faden oder dunkler Schneiderkreide Linien angebracht, z.B in der Mitte horizontal, diagonal von einer Ecke zur anderen, jeweils horizontal zwei Linien über Kreuz. Die Linien führen das Kind beim Falten.

Einführung: Da es für ein Kind am leichtesten ist, eine Serviette diagonal zu falten, ist es gut, damit anzufangen. Hier braucht das Kind nur mit einer Hand die Ecke der Serviette zu halten und hat die andere Hand frei, um sie entlang der Linie zu legen und so den Stoff besser zu führen.

Die entsprechende Serviette (mit einer farbigen diagonalen Linie) wird auf den Tisch ausgebreitet. Dann nimmt man eine Ecke der Serviette und legt sie auf die Ecke gegenüber. Die Falte, die hierbei entsteht, führt entlang der farbigen diagonalen Linie.

Um eine Serviette in der Mitte zu falten, nimmt man die zwei unteren Ecken und legt sie auf die gegenüberliegenden. Die Falte geht dabei entlang der Linie in der Mitte der Serviette.

Zum Schluss fährt man mit den Fingerspitzen noch einmal über die Falte und glättet sie.

Übungsmöglichkeiten: Das Falten lässt sich auf das Zusammenlegen der Kleidung und Wäsche im Alltag übertragen.

Erfolgskontrolle: Wenn die Serviette genau gefaltet ist, so führt die Falte entlang der Linie, sonst ist irgendwo ein „Fehler".

Ziele: Die Muskelkontrolle für die Finger verbessert sich und das Kind übt sich in Genauigkeit. Gleichzeitig nimmt das Kind hier etwas aus der Geometrie wahr: Flächen verändern sich durch Halbieren, Vierteln.

Ebenso langsam, deutlich und ausführlich kann man kleinen Kindern zwischen etwa 2,5 und 4 Jahren zeigen, wie man den Tisch abwischt, sich die Hände wäscht, Blumen von vertrockneten Blüten und Blättern befreit usw. Jede unserer Bewegungen sollte hierbei im Zeitlupentempo vorgeführt werden, damit das Kind Zeit genug hat, ihnen mit seinem Blick zu folgen. Je aufmerksamer wir den Kindern eine Übung vormachen, desto aufmerksamer schauen sie auch zu.

5.3.2 Übungen für die Bewegung und die Stille

Innerhalb der Montessori-Methode haben Kinder viele Möglichkeiten, ihre Bewegungen zu verfeinern und zu koordinieren. Einige Übungen fördern ganz gezielt *die Kontrolle der Bewegung*, dazu gehören zum Beispiel folgende Übungen:
– Gehen auf der Linie (Ellipse),
– Gehen mit einem vollen Tablett,
– Tragen eines Turms,
– Gehen mit einem Gegenstand auf dem Kopf.

▒ Gehen auf der Linie
Alter: 3 bis 6 Jahre. Es ist eine Übung, die in einer Gruppe durchgeführt wird.
Material: Eine im Durchmesser mindestens 4 m lange Ellipse, die mit 3–4 cm breitem Kreppband auf dem Boden aufgeklebt oder aufgemalt ist. Gegenstände zum Tragen: Blumen, Glöckchen, Kerzen und Streichhölzer; mit Wasser gefüllte Gläser und Ähnliches.
Leise, harmonische Musik kann die Ruhe und Konzentration bei dieser Übung fördern.
Einführung: Die Kinder tragen am Besten leichte Schuhe oder Turnschuhe. Sie sitzen auf dem Boden oder auf ihren Stühlen um die Ellipse herum, ohne dabei die Ellipse zu berühren.
Die ausgewählten Gegenstände zum Tragen sind sichtbar in der Nähe der Ellipse aufgestellt. Die Erzieherin geht einmal langsam über die ganze Linie und setzt dabei jedes Mal den ganzen Fuß von der Ferse bis zu den Zehen auf der Linie auf.
Danach ruft man ein Kind nach dem anderen leise bei seinem Namen und bittet es, ebenfalls über die Linie zu gehen. Nach und nach gehen so alle Kinder über die Ellipse.
Bei dieser Übung kann man gut beobachten, welche Schwierigkeiten einzelne Kinder bei diesen Bewegungen haben. Sie werden nicht einzeln korrigiert, sondern durch leise allgemeine Äußerungen aufgemuntert, ihre Bewegungen noch einmal zu überprüfen, wie z. B.: „Wir versuchen, auch die Fußspitze genau auf die Linie zu setzen".
Übungsmöglichkeiten: Man zeigt den Kindern, wie sie über die Linie ge-

hen, indem die Zehen des hinteren Fußes die Ferse des vorderen Fußes berühren. Dabei muss das Kind üben, sein Gleichgewicht zu halten. Beim Gehen auf der Linie versuchen alle Kinder jeweils den gleichen Abstand zum vorherigen Kind einzuhalten, wodurch ein Kind seine Aufmerksamkeit nicht nur auf seine Füße, sein Gleichgewicht, sondern auch auf die anderen Kinder richten muss.

Um die Körperkontrolle noch weiter zu verbessern, können Kinder probieren, verschiedene Gegenstände zu tragen, während sie über die Ellipse gehen. Dabei müssen sie sich zusätzlich auch auf ihre Hand bzw. ihre Kopfhaltung konzentrieren:

Eine Blume tragen, eine Glocke tragen, ohne dass sie erklingt, ein Buch auf dem Kopf tragen, eine brennende Kerze tragen, ohne dass sie tropft, ein mit Wasser gefülltes Glas tragen, ohne dass es tropft, mit zwei Wassergläsern, in jeder Hand eins, über die Linie gehen, in jeder Hand eine Fahne tragen und auf dem Kopf ein Kissen tragen usw.

Erfolgskontrolle: Man sieht, wenn die Linie verlassen wird, ein anderes Kind angestoßen wird, man hört, wenn die Glocke erklingt, das Wasser daneben tropft usw.

Ziele: Üben, die Bewegungen besser zu koordinieren und zu kontrollieren, den eigenen Körper bewusster wahrnehmen, das Gleichgewicht halten und innere Ruhe durch Konzentration erfahren.

Indem Kinder sich auf eine Sache konzentrieren, sammeln sie sich und kommen zur Ruhe. Die Stille umfasst alle Sinne der Menschen. Bereits kleine Kinder sind begeistert von der Stille, denn so erkennen sie die Kostbarkeit und das Geheimnis von Geräuschen und können sie so besser wahrnehmen. Deshalb bietet die Montessori-Methode auch *gezielte Übungen der Stille,* die letztlich meditative Übungen sind (Montessori selbst hat nur wenige Stille-Übungen angegeben. Weitere Anregungen bei Faust-Siehl 1986). Dazu gehören zum Beispiel:
- Leisestunde;
- Stille „hören";
- Papiergeräusche;
- Übungen mit Wasser;
- Übungen im Fallenlassen;
- Übungen im Dunkelwerden und Hellwerden;

Ruhige Musik kann die stillen Tätigkeiten der Kinder unterstützen. Das „Gehen auf der Linie", das Anzünden der Kerzen und anderes macht Kindern viel Spaß, wenn es von einer harmonischen Musik begleitet wird. Das kann ruhige Flötenmusik sein (z. B. von Carl Philipp Emanuel Bach), Klaviermusik (Keith Jarret oder Georg Deuter, Mike Oldfield) o. Ä.

Ruhe kann man Kindern allerdings nicht verordnen. Erst in einer ruhigen Situation lassen sich die Übungen der Stille durchführen. Sie sind also keine Möglichkeit, um Ruhe in eine Gruppe zu bringen, wenn es gerade mal wieder besonders laut ist.

Auch hierzu möchte ich einige Übungen näher vorstellen. Zu den Übungen der Bewegungen und der Stille braucht man kaum besonderes Material, es können Dinge aus der Umgebung benutzt werden.

Leisestunde

Alter: etwa 3 Jahre. Eine Übung in der Gruppe

Material: Es sind keine besonderen Materialien nötig.

Einführung: Solch eine Übung lässt sich erst durchführen, wenn die Kindergruppe bereits ruhiges „Arbeiten" gewöhnt ist. Und die Kinder sollten sie freiwillig machen. Man lädt die Kinder ein, sich ganz bequem hinzusetzen und sich nicht zu bewegen. Wenn alle still und entspannt sitzen, man selbst auch, sagt man leise den Namen eines Kindes und bittet es zu sich. Das Kind steht auf und geht, ohne irgendwo anzustoßen, zur Erzieherin. Sie flüstert dem Kind einen kleinen Auftrag ins Ohr, den es ausführt und dann zu seinem Platz zurückkehrt. Die anderen Kinder warten schon gespannt, wann ihr Name gesagt wird. Die Erzieherin sagt leise einen anderen Kindernamen und bittet auch dieses Kind zu sich, bis alle Kinder einmal bei ihr waren.

Übungsmöglichkeiten: Kinder mögen es, wenn bei dieser Übung der Raum etwas abgedunkelt wird, denn der Gesichtssinn ist dann weniger aktiv als das Gehör. Durch die entstandene Stille erhöht sich auch die Aufnahmebereitschaft der Kinder, so dass sich dann gut Geschichten erzählen lassen.

Erfolgs- bzw. Fehlerkontrolle: Wenn ein Kind ein Geräusch macht.

Ziele: Große Stille in der Gemeinschaft erfahren, sowie seine Bewegungen kontrollieren lernen und leise Geräusche wahrnehmen.

▨ Stille „hören"

Alter: etwa ab vier bis fünf Jahren

Material: eine Sanduhr

Einführung: Diese Übung ist für eine Gruppe geeignet. Man lädt die Kinder ein: „Kommt, wir versuchen mal ganz still zu sein und uns überhaupt nicht zu bewegen. Vielleicht hören wir etwas, aber wir sagen es noch nicht. Erst wenn die Sanduhr abgelaufen ist, erzählen wir uns der Reihe nach, was wir hören konnten." Diese Übung darf allerdings nicht erzwungen werden. Dann dreht man die Sanduhr um. Wenn sie abgelaufen ist, berichten alle nacheinander, im Uhrzeigersinn, welches Geräusch sie gehört haben.

Übungsmöglichkeiten: Eine veränderte Variante dieser Übung besteht darin, dass alle ganz leise sind und die Augen schließen. Nur ein Kind hat seine Augen geöffnet und macht ein Geräusch (zum Beispiel mit der Gabel gegen den Teller schlagen). Dann bittet das Kind die anderen ihre Augen zu öffnen und zu raten, wie das Geräusch gemacht wurde. Wer es erraten hat, ist als nächstes dran. Oder aber alle dürfen nacheinander ein Geräusch machen. Auch Spiele wie „Ich sehe was, was du nicht siehst" sind letztendlich schöne Übungen der Stille, durch die Kinder zur Ruhe kommen und aufmerksam ihre Umwelt wahrnehmen.

Ziele: Kinder lernen die Stille empfinden und üben gleichzeitig ihr Gehör.

▨ Papiergeräusche

Alter: ab etwa 3 Jahren

Material: Auf dem Tisch liegen verschiedene Sorten Papier (Seidenpapier, Zeitungspapier, Servietten usw.). Jeweils zweimal das gleiche Papier (Paare).

Einführung: Als erstes befühlt man die verschiedenen Papiersorten und raschelt mit ihnen, um ihre unterschiedlichen Geräusche zu hören. Nun verbindet man sich die Augen und wählt eine Papiersorte aus. Mit dieser raschelt man und legt sie links zur Seite. Dann sucht man die gleiche Papiersorte, indem man ein neues Stück Papier „hört". So lange, bis alle Paare gefunden wurden.

Übungsmöglichkeiten: Wir können dem Kind die Namen der Papiersorten sagen und später kann es nach vergleichbarem Papier in der Wohnung schauen.

Ziele: Hier wird ebenfalls in stiller Atmosphäre das Gehör und das Gedächtnis geübt.

Übungen mit Wasser
Alter: etwa ab 3 Jahre. Übung in der Gruppe.
Material: Eine Schüssel ist mit Wasser gefüllt.
Einführung: Die Erzieherin sitzt mit den Kindern im Kreis. Die Schüssel mit Wasser wird von der Erzieherin in die Mitte des Kreises gestellt. Alle sehen zu, wie das Wasser in der Schüssel sich zuerst bewegt und dann langsam zu Ruhe kommt. Die Erzieherin regt die Kinder an, allmählich auch so ruhig wie das Wasser zu werden. Nun bittet man die Kinder, ihre Augen zu schließen und ihre Hände zu einer Art Schale zu formen (aufzuhalten). Leise geht die Erzieherin umher und lässt in jedes Händepaar einen Wassertropfen fallen. Das Kind, das den Wassertropfen spürt, öffnet seine Augen.
Übungsmöglichkeit: Jedes Kind darf nacheinander einmal seine Hände in die Wasserschüssel legen und dann die Hände so abtropfen lassen, dass alle Tropfen wieder in die Schüssel fallen.

Solche Übungen lassen sich auch mit Erde oderÄhnlichem machen.
Ziele: Kinder werden in ihrer Aufmerksamkeit gefördert. Und die Kinder werden sensibel für sehr zarte Berührungen. Gleichzeitig erfahren sie etwas über die Eigenschaften des Wassers (weich, durchsichtig usw.).

Übungen im Fallenlassen:
Alter: etwa 4 Jahre. Übung in der Gruppe.
Material: In einem Korb befinden sich – mit einem Tuch zugedeckt – verschiedene Gegenstände, wie ein Stein, ein kleines Stück Holz, ein Tannenzapfen, ein Blatt, ein Tuch, eine Feder usw.
Einführung: Die Kinder und die Erzieherin sitzen gemeinsam im Kreis. Der Korb wird von Kind zu Kind gereicht. Jedes Kind fühlt, was in dem Korb ist, ohne zu schauen, und nimmt sich einen Gegenstand heraus. Wenn jedes Kind einen Gegenstand hat, bittet man ein Kind, seinen Gegenstand fallen zu lassen. Alle sehen, wie der Gegenstand fällt. Das Kind nennt ein anderes Kind, das nun ebenfalls seinen Gegenstand fallen lässt. Zum Schluss legt jedes Kind seinen Gegenstand wieder in den Korb zurück.
Übungsmöglichkeit: Man bittet die Kinder, ihre Augen zu schließen. Dann berührt die Erzieherin ein Kind, das seinen Gegenstand auf den

Boden fallen lassen soll. Alle hören auf das Geräusch, das dabei entsteht. Dann berührt man ein anderes Kind, das ebenfalls seinen Gegenstand fallen lässt.

Man stellt Orff-Instrumente bereit und ermuntert die Kinder, das Geräusch mit einem Instrument nachzuspielen, das sie beim Fallen ihres Gegenstandes gehört haben.

Ziele: Verfeinerung der Wahrnehmungen, der Tastsinn wird gefördert und die Kinder sehen, wie die verschiedenen Dinge unterschiedlich zu Boden fallen.

Es gibt viele weitere Kreisübungen für die Stille. Wie auch das Ausmalen von Mandalas für einzelne Kinder eine schöne Übung der Stille ist.

Durch solche Übungen der Stille öffnen sich alle Sinne der Kinder. Um differenziert einzelne Sinne zu verfeinern, gibt es ferner die Sinnesmaterialien, die ebenfalls gut für Vorschulkinder geeignet sind.

5.3.3 Sinnesmaterialien

Die *Sinnesmaterialien* fördern durch konkrete Erfahrungen einzelne Sinne, z. B. schulen Geräuschdosen die Verfeinerung und Differenzierung des Gehörs, Geruchsdosen schulen den Geruchssinn und das Ertasten von unterschiedlichen Stofflappen ermöglicht taktile Erfahrungen.

Bereits Aristoteles schrieb, dass nichts in den menschlichen Geist dringt, was nicht vorher in den Sinnen war. Diese ersten sinnlichen Erfahrungen von Kindern fördern also die weitere geistige Entwicklung des Menschen. Das „Greifen" führt zum „Be-greifen". So erfahren auch alle Säuglinge ihre Umwelt bereits mit ihren Sinnen, zuerst mit dem Mund als ihrem ersten feinen Sinnesorgan. Sie stecken alles in den Mund und lernen dabei sehr viel über ihre Umwelt. Wenn ein Kind die Gelegenheit hat, sich an verschiedenen Gegenständen (mit seinen einzelnen Sinnen) zu erfahren, dann kann es durch diese klaren Erfahrungen zunehmend zu klaren Abstraktionen gelangen. Und es lernt seine Umwelt vielfältiger und differenzierter wahrzunehmen.

Die Sinnesmaterialien sind mathematisch oder gesetzmäßig geordnet und legen Grundlagen der Mathematik, Geometrie, Biologie, Kunst und Musik.

Das klassische Montessori-Sinnesmaterial umfasst:
– Geräuschdosen
– Geruchsdosen
– Wärmekrüge
– Wärmetäfelchen
– Tasttäfelchen
– Tastbretter rau-glatt
– Gewichtstäfelchen
– Druckzylinder
– Geheimnisvoller Beutel
– Einsatzzylinder bzw. Holzzylinder
– Rosa Turm
– Braune Treppe
– Farbige Zylinder
– Rote Stangen
– Drei Paare Farbtäfelchen
– Elf Paare Farbtäfelchen
– Schattierungskasten (mit Farbtäfelchen)
– Grundfarbmobile
– Geometrische Körper
– Geometrische Kommode
– Konstruktive Dreiecke
– Blaue Dreiecke
– Binomischer Kubus
– Trinomischer Kubus

Mittlerweile gibt es darüber hinaus einige Sinnesmaterialien, die nach vergleichbaren Prinzipien die einzelnen Sinne eines Vorschulkindes ansprechen und die darüber hinaus teilweise leicht selber hergestellt werden können. Dazu gehören unter anderem:
– Tablett mit Samen
– Kasten mit Stoffpaaren
– Tablett mit Schlössern und Schlüsseln
– Fühlmemory
– Tablett mit Magneten
– Perlen zum Auffädeln

– Nähkarten usw.
– Themenbezogene Puzzle

Um die Materialdarbietung besser zu veranschaulichen, möchte ich auch hier einige Materialien näher vorstellen. Diese Übungen sind, im Gegensatz zu den vorher beschriebenen Übungen, meistens Einzelübungen. Würde man sie in einer Gruppe anbieten, so entstünde schnell Unruhe, weil nicht alle Kinder aktiv mitmachen können.

▨ Geheimnisvoller Beutel
Alter: ab etwa 2,5 Jahren.
Material: In einem schönen Stoffbeutel befinden sich mehrere kleine Gegenstände mit unterschiedlichen Eigenschaften wie eckig, rund, hart, weich, rau, glatt, kühl usw.
Einführung: Die Erwachsene greift mit einer Hand in den geheimnisvollen Beutel und betastet intensiv einen Gegenstand darin. Dabei rät sie laut: „Hm, das fühlt sich weich an, ganz leicht … das ist wohl eine Feder." Dabei drückt man große Neugierde aus. Dann holt man den erratenen Gegenstand aus dem Stoffbeutel heraus und schaut, ob man richtig geraten hat. Man macht so lange weiter, bis das Kind im Beutel fühlen möchte.
Erfolgskontrolle: Nachdem das Kind einen Gegenstand erraten hat, kann es ihn aus dem Beutel holen und nachschauen, ob es wirklich dieser Gegenstand ist.
Übungsmöglichkeiten: Wenn es dem Kind nicht unangenehm ist, kann man ihm zusätzlich die Augen verbinden, was seine Konzentration auf das Ertasten mit der Hand verstärkt.
Ziele: Das Kind macht vor allem Erfahrungen für seinen Tast- und seinen Muskelsinn, indem es durch die Bewegungen seiner Hand einen Gegenstand genau abtastet. Dabei lernt es gleichzeitig, unterschiedliche Gegenstände aus seiner Umgebung mit seinen unterschiedlichen Eigenschaften differenziert wahrzunehmen.

▨ Tasttafeln
Alter: ab etwa 3 Jahren.
Material: In einem Kasten sind 10 Holzbrettchen (9 x 10 cm) vorbereitet, auf denen jeweils ein viereckiges Stück Sandpapier geklebt ist. Ins-

gesamt gibt es fünf Pärchen: Ein Pärchen hat sehr feines Sandpapier, die anderen Pärchen in Abstufung gröberes Sandpapier. Von jeder Abstufung gibt es ein Paar.

Einführung: Die Tasttafeln werden auf den Tisch oder den Arbeitsteppich geholt und die Erwachsene verteilt die Tasttafeln auf der Arbeitsfläche. Dann nimmt man eine Tasttafel in die Hand und betastet sehr sorgfältig die Beschaffenheit des Sandpapiers. Diese Tafel legt man links, separat von den anderen Tafeln, und befühlt nun eine neue Tasttafel. Wenn wir das gleiche Sandpapier gefunden haben, legen wir das passende Pärchen zusammen, links auf die Arbeitsfläche. So betastet man alle zehn Tafeln, bis die fünf Paare zusammenliegen. Dann lädt man das Kind ein, die Übung zu wiederholen.

Erfolgskontrolle: Durch konzentriertes Betasten können alle Paare zusammengelegt werden. Um die Zusammengehörigkeit der Paare zu überprüfen, kann man unter jedem Paar jeweils einen gleichen Farbpunkt anbringen. So kann das Kind die Paare anheben und anschließend die Farbpunkte selber überprüfen.

Übungsmöglichkeiten: Wenn das Kind die Paare gefunden hat, sortieren wir den Partner eines jeden Paares heraus, so dass fünf Tasttafeln übrig bleiben. Mit diesen Täfelchen legen wir eine Reihe vom Feinen zum Gröbsten, indem wir jedes Täfelchen konzentriert betasten. Nachdem das Kind die unterschiedliche Beschaffenheit der Tasttafeln erkundet hat, können wir ihm nun die Worte rau, grob, fein und die Abstufungen feiner, fein, am feinsten usw. mit Hilfe der Drei-Stufen-Lektion benennen. Danach kann man gemeinsam feine und raue Dinge in der Umgebung suchen und damit die neuen Erfahrungen auf das tägliche Leben des Kindes übertragen.

Ziele: Diese Übungen schulen den Tastsinn und fördern die Feinmotorik der kindlichen Hand. Und sie erweitern die differenzierte Wahrnehmung sowie das Sprachvermögen des Kindes.

■ Eine Schachtel mit verschiedenen Stofflappen
Alter: etwa ab 3 Jahren
Material: Aus Stoffresten werden fünf verschiedene Stoffe auswählt, die sich unterschiedlich anfühlen und die jeweils eine andere Farbe haben, zum Beispiel roter Samt, blauer Kord, weißes Leinen, gelbe Baumwolle

und schwarzes Polyester. Hieraus ca. 10 cm große Stoffquadrate ausschneiden, jeweils zwei Stück von einer Stoffart.

Einführung: Wir holen die schöne Schachtel oder den Korb aus dem Regal und legen ihn auf den sonst leeren Tisch. Das Kind laden wir ein, sich zu uns zu setzen, so dass es gut auf unsere Hände sehen kann. Dann schütten wir alle Stofflappen auf den Tisch und sortieren sie paarweise. Anschließend werden alle Stoffe befühlt und auch das Kind dazu eingeladen, alle Stoffe anzufassen. Nun alle Stoffstücke mischen und dem Kind ein Stück in die Hand geben, zu dem es nun den zweiten passenden Stoff ertasten und dazulegen soll, bis alle Paare gefunden sind. Um die Konzentration gänzlich auf den Tastsinn zu lenken, kann diese Übung auch mit verschlossenen Augen (mit einer Augenbinde) durchgeführt werden.

Erfolgskontrolle: Das Kind kann selber schauen, ob die Paare jeweils die gleiche Farbe haben und ertasten, ob sie sich gleich anfühlen.

Übungsmöglichkeiten: Wenn das Kind die Paare ertastet hat, können wir ihm die Unterschiedlichkeit der Stoffe benennen (Drei-Stufen-Lektion): „Das ist glatt", „Das ist weich" usw. Dabei fühlt man gleichzeitig das entsprechende Stoffstück. Im zweiten Schritt bitten wir das Kind: „Bitte gebe mir den glatten Stoff" usw. Als dritten Schritt fragen wir: „Was ist das?" und zeigen jeweils ein Stoffstück. Wenn das Kind nun sagen kann, „das ist der glatte Stoff", dann hat es die Lektion gelernt. Im Anschluss daran können wir mit dem Kind im täglichen Leben schauen, was sich ebenfalls glatt, weich usw. anfühlt (zum Beispiel bei seiner eigenen Kleidung).

Ziele: Durch diese Übungen entwickelt und verfeinert sich der kindliche Tastsinn und das Kind übt seine Feinmotorik. Zusätzlich wird die Auge-Hand-Koordination beim Greifen und Anschauen der Stoffe verfeinert. Durch das Bilden von Paaren und Reihen lernt das Kind Ordnungsstrukturen kennen. Und durch die Wortlektion erweitert es sein Sprachvermögen und die Wahrnehmung seiner Umwelt wird differenzierter.

■ Fühlmemory

Eine schöne Übung für mehrere Kinder gemeinsam.

Alter: Ab etwa 4 Jahren

Material: Memory-Spielkarten mit jeweils zwei gleichen Karten. Ein Paar ist z. B. mit Samt beklebt, eins mit Federn, eins mit Sandkörnchen etc.

Einführung: Das Fühlmemory funktioniert wie das bekannte Bilder-Memory, allerdings arbeiten die Kinder hier mit verbundenen Augen und sie ertasten die zusammengehörigen Paare.

Erfolgskontrolle: Wenn keine Karten mehr übrig geblieben sind, kann man schauen, ob sie auch alle gleich aussehen.

Ziele: Das Fühlmemory bereitet den Kindern viel Spaß, es schult den Tastsinn und zudem üben die Kinder sich im Verstehen und Einhalten von Spielregeln.

Geräuschdosen

Alter: ab etwa 3,5 Jahren.

Material: Zweimal 6 Dosen (zum Beispiel kleine Filmdosen) sind mit verschiedenen Materialien gefüllt, die beim Schütteln unterschiedliche Geräusche machen. Davon sind sechs Dosen hell und sechs dunkel, die jeweils in zwei getrennten Schachteln aufbewahrt werden. Es sind immer eine helle und eine dunkle Dose mit demselben Material gefüllt: zum Beispiel mit Reis, Sand, Erbsen, Nägeln, Steinchen und Stecknadeln. Unter diesen Paaren sind jeweils gleiche Farbpunkte angebracht.

Einführung: Wenn das Kind unserer Einladung folgt, den Geräuschdosen zu lauschen, dann holen wir mit ihm zusammen die zwei Schachteln aus dem Regal auf den leeren Tisch. Die hellen Dosen werden in einer Reihe auf den Tisch gestellt. Dann ebenso die dunklen Dosen in einer zweiten Reihe daneben. Man nimmt eine helle Dose, schüttelt sie am Ohr und hört aufmerksam zu. Wenn man seine Augen dabei schließt, lenkt man die Aufmerksamkeit noch stärker auf das Hören. Nun darf das Kind ebenfalls den Klang dieser Dose hören. Dann stellen wir diese Dose separat auf eine Seite des Tisches und nehmen die erste Dose der dunklen Dosenreihe, um ihr Geräusch zu hören. Wenn wir das gleiche Geräusch hören, stellen wir die Dose zu der ersten. Hören wir jedoch einen anderen Klang, so stellen wir die Dose an das Ende der dunklen Dosenreihe und wählen die nächste Dose. Ihr Klang wird auch mit dem der ersten verglichen, so lange, bis alle Paare gefunden wurden.

Erfolgskontrolle: Zum Schluss überprüfen wir die Paare, indem wir die Farbpunkte unter ihnen vergleichen. Nun kann das Kind die Übung wiederholen.

Übungsmöglichkeiten: Die Partnerdose wird woanders im Raum hingestellt. Das Kind hört den Klang der einen Dose, muss ihn in Erinnerung behalten und holt nun die zweite passende Dose.

Als weitere Übung können wir dem Kind die Begriffe „laut – leise" und „laut – lauter – am lautesten", beziehungsweise „leise – leiser – am leisesten" mit der Drei-Stufenlektion vermitteln.

Ziele: Die Geräuschdosen fördern die akustische Wahrnehmung, sie schulen die Differenzierung von verschiedenen Geräuschen. Ferner trainieren sie das Gedächtnis für das Hören. Und das Schütteln der Geräuschdosen ist eine Übung zur Verbesserung der Feinmotorik.

Tablett mit Schlössern und Schlüsseln

Alter: etwa ab 4 Jahren

Material: Verschiedene Vorhängeschlösser mit jeweils einem passenden Schlüssel auf einem Tablett.

Einführung: Die Schlösser und Schlüssel liegen auf dem Tablett. Als erstes wählt man ein Schloss und probiert einen der Schlüssel in dieses Schloss zu stecken. Wenn der Schlüssel nicht passt, legt man ihn rechts auf den Tisch neben das Tablett und probiert den nächsten Schlüssel. Wenn ein passender Schlüssel zum Schloss gefunden wurde, legt man das Schloss-Schlüssel-Paar links neben das Tablett auf den Tisch und wählt ein neues Schloss, um den dazugehörigen Schlüssel auszuprobieren.

Erfolgskontrolle: Wenn die Übung richtig gemacht wurde, müssen alle Schloss-Schlüssel-Paare links auf dem Tisch liegen und kein Schloss oder Schlüssel mehr übrig sein.

Übungsmöglichkeiten: Das Kind kann seine neu gewonnene Geschicklichkeit an den Schlössern in der Wohnung und an seinem Fahrradschloss anwenden.

Ziele: Diese Übung schult vor allem die Feinmotorik und lässt das Kind im Alltag wieder ein Stück unabhängiger werden.

Samentablett

Alter: ab etwa 3,5 Jahren

Material: Auf einem Tablett sind drei kleinere und eine größere Schale angerichtet. In den drei kleineren Schalen sind jeweils drei unterschiedliche Samensorten, zum Beispiel Kürbiskerne, Bohnen und Sonnenblumenkerne. Jede Sorte ist separat sortiert.

Einführung: Die Erwachsene holt mit dem Kind das vorbereitete Tablett aus dem Regal und stellt es auf den sonst leeren Tisch. Sie nimmt aus jeder Schale einige Samen heraus, legt diese in die große Schale und vermischt sie. Dann verbindet sie sich die Augen und nimmt einen Samen aus der großen Schale. Diesen befühlt sie und vergleicht ihn fühlend mit den Samen in den kleinen Schalen. Wenn sie die gleiche Sorte ertastet hat, legt sie ihn in die entsprechende Schale zurück. Sie macht so lange weiter, bis alle Samen der großen Schale in die kleinen Schalen zurückgelegt wurden.

Übungsmöglichkeiten: Neben den Samen sind auch andere Gegenstände wie beispielsweise Münzen, Knöpfe und Perlen geeignet. Und man kann dem Kind die Bezeichnungen vermitteln.

Ziele: Es sind hier die gleichen Ziele, wie bei dem geheimnisvollen Beutel. Das Kind übt seinen Tast- und seinen Muskelsinn.

Geschmacksschüsseln

Alter: etwa ab 3,5 Jahren

Material: Auf einem schönen Tablett sind Schüsselchen mit verschiedenen Geschmackssorten angerichtet. Wie beispielsweise Zucker für „süß", Zitronensaft für „sauer". Dazu legen wir einen Löffel.

Einführung: Nachdem wir mit dem Kind das Tablett auf den Tisch geholt haben, nehmen wir aus einer der Schüsselchen eine Geschmacksprobe und probieren ganz langsam, um genau zu schmecken. Vielleicht verzieht man sein Gesicht, um den Geschmack verstärkt auszudrücken. Dann benennt man den Geschmack: „Ui, das schmeckt sauer." So probiert man langsam alle ausgewählten Geschmacksrichtungen durch.

Übungsmöglichkeiten: Es wird nochmals spannender, wenn wir diese Geschmacksproben mit verbundenen Augen machen. Hierbei zeigt sich, ob das Kind die Worte für die Geschmacksrichtungen auch behalten hat. Danach wird es dem Kind leicht fallen, diese Geschmackssorten auch bei seinen Mahlzeiten zu unterscheiden.

Gewichtsbrettchen

Alter: ab etwa 3 Jahren
Material: In einer Schachtel sind drei Paar Holzbrettchen. Jedes Paar ist aus anderem Holz angefertigt, so dass sich jedes Paar in Gewicht und Maserung unterscheidet. (Die Bretter sollten nicht größer als eine Postkarte sein.)
Einführung: Als erstes nimmt man ein schweres und ein leichtes Brettchen heraus. Diese versucht man nun abzuwiegen, indem man sich ein Brettchen auf die linke, das andere auf die rechte Hand legt und beide Hände leicht hin und her bewegt. Dann legt man dem Kind die beiden Brettchen in seine Hände. Danach greift man jeweils ein Brettchen heraus, legt es zur Seite und versucht durch das „Abwiegen" in der Hand das zweite passende Brettchen herauszufinden. Dieses legt man dann zum ersten.
Erfolgskontrolle: Ein Kind kann sehen, ob auch jedes Paar die gleiche Holzmaserung hat.
Ziele: Kinder schulen hier ihren Sinn für Gewichte und gleichzeitig ihre Feinmotorik.

Der Rosa Turm

Alter: 2,5 bis 3 Jahre
Material: Zehn rosa Kuben (Würfel) aus Holz, die verschieden groß sind. Ihre Größe nimmt progressiv in der algebraischen Reihe der 3. Potenz zu: der kleinste Kubus hat eine Kantenlänge von 1cm, der größte von 10 cm.
Einführung: Die 10 Kuben werden gemischt auf einen Arbeitsteppich auf dem Boden gelegt. Nun nimmt man mit einer Hand den größten Kubus und stellt ihn gesondert von den anderen auf den Boden. Dann sucht man den nächst kleineren Kubus und stellt ihn vorsichtig in die Mitte des ersten Kubus. So sucht man immer wieder den nächstkleineren Würfel und baut den Turm konzentrisch auf. Jeden Kubus fasst man mit einer Hand an, um so besser die Unterschiede der Größe und des Gewichts wahrnehmen zu können. Wenn der Turm fertig ist, verteilt man die einzelnen Kuben wieder auf dem Teppich und das Kind kann mit dem Aufbau beginnen.
Übungsmöglichkeiten: Die Kuben können auch so aufeinander aufgebaut werden, dass eine Ecke und zwei Seiten genau übereinstimmen. Der Abstand zwischen den Würfeln entspricht dann immer dem kleinsten Würfel.

Wenn ein Kind verschiedene Variationsmöglichkeiten ausprobiert, Harmonien und Disharmonien entdeckt hat, dann kann eine Wortlektion angeboten werden (Drei-Stufen-Lektion (wie im Kap. 5.2.3 beschrieben): groß – klein, groß – größer – am größten, klein – kleiner – am kleinsten. *Erfolgskontrolle:* Wir können sehen, ob der Turm gerade und harmonisch steht und wenn er auf die Ecken aufgebaut wurde, so passt der kleinste Kubus auf die freie Fläche (wie bei einer Treppe). *Ziele:* Die Kinder lernen Größenunterschiede bei gleicher Form wahrzunehmen. Sie verfeinern und koordinieren Bewegungen. Und indirekt wird der mathematische Geist vorbereitet, indem Ordnungsstrukturen wahrgenommen werden und das Dezimalsystem symbolisiert ist.

Holzzylinderblocks

Alter: etwa 2,5 Jahre.

Material: (Auch Einsatzzylinder genannt.) Vier äußerlich gleiche Blöcke aus hellem Holz mit jeweils 10 Öffnungen auf der Oberseite. Dazu gehören insgesamt 40 Zylinder, die oben einen Holzknopf zum Anfassen haben. Jeder dieser Holzzylinder passt in eine entsprechende Öffnung der vier Blöcke. Die Zylinder „materialisieren" die Verschiedenheiten der Dimensionen, die es bei Gegenständen gibt.

Bei Block 1 unterscheiden sich die Zylinder nur in einer Dimension, in der Höhe. Alle Zylinder haben denselben Durchmesser, ihre Höhe nimmt regelmäßig um 1/2 cm zu.

Bei Block 2 unterscheiden sich die Zylinder in zwei Dimensionen, in der Breite und Tiefe. Der Durchmesser der Zylinder wächst von dünn zu dick, ihre Höhe bleibt gleich.

Bei Block 3 unterscheiden sich die Zylinder in drei Dimensionen (der Durchmesser nimmt zu und die Höhe nimmt ab). Ihr Durchmesser verändert sich von dünn zu dick und ihre Höhe verändert sich von hoch zu niedrig.

Bei Block 4 unterscheiden sich die Zylinder ebenfalls in drei Dimensionen, Breite, Tiefe und Höhe nehmen alle (ausgegangen vom Kleinsten) zu.

Einführung: Da bei Block 2 die Höhe der Zylinder gleich bleibt, kann kein Zylinder in einer großen Öffnung verloren gehen, weshalb es am einfachsten ist, diesen Block 2 als erstes einzuführen. Diesen Block stellt man auf einen Arbeitsteppich (ein Tisch ist oft zu klein dafür und es fallen leicht Zylinder herunter). Dann nimmt man die Zylinder aus den Öffnungen heraus, indem man sie mit den ersten zwei Fingern und dem Daumen an dem Holzknopf anfasst (Schreibfinger). Die Zylinder werden gemischt auf dem Teppich ausgebreitet. Dann greift man den dünnsten Zylinder mit den 3 Schreibfingern und steckt ihn in die entsprechende Öffnung. Danach wählt man einen zweiten Zylinder und steckt ihn ebenfalls in die passende Öffnung, bis alle 10 Zylinder in ihrer Öffnung sind. Nun nimmt man die Zylinder wieder heraus, mischt sie und das Kind kann probieren. *Übungsmöglichkeiten:* Man sortiert die Zylinder von dünn zu dick in eine Reihe auf dem Teppich, ohne sie in die Öffnungen zu stecken.

Die Zylinder werden mit geschlossenen Augen in die entsprechenden Öffnungen gesteckt.

Man geht von einem Zylinder in der Mitte der Reihe aus und setzt die Reihe entsprechend nach links und rechts fort.

Alle anderen Blöcke werden genauso wie Block 2 eingeführt. Später kann das Kind auch probieren, alle 40 Zylinder parallel in die vier Blöcke zu stecken.

Aus den vier Sätzen Zylindern können die gleichen Paare herausgesucht werden (5 Paare).

Man sucht die Zylinder, die sich jeweils in einer Eigenschaft gleichen (gleiche Höhe oder gleicher Durchmesser).

Ein Kind malt die Grundflächen der Zylinderreihen mit einem Bleistift auf Papier nach (umfährt die einzelnen Zylindergrundflächen).

Wenn ein Kind das Material gut beherrscht, kann man ihm Wortlektionen anbieten, wie: hoch – niedrig, hoch – höher – am höchsten, flach – tief, eng – weit, dick – dünn, groß – klein.

Erfolgskontrolle: Die Zylinder passen in die Öffnung und kein Zylinder bleibt übrig.

Ziele: Dimensionsunterschiede bei gleichbleibender Form wahrnehmen. Erkennen, wie ein Hohlraum und ein Körper einander entsprechen. Verbesserung der Feinmotorik der Schreibhand und Vorbereitung auf die Stifthaltung. Ferner übt ein Kind hier, Ordnungsstrukturen im Bereich der Dimensionen zu bilden.

Geometrische Körper

Alter: ab ca. 3 Jahren

Material: 10 geometrische Körper aus Holz, blau lackiert: Kugel, Ei, Elipsoid, Kubus, rechtwinkliges Prisma, dreiseitiges Prisma, Kegel, dreieckige Pyramide, viereckige Pyramide, Zylinder. Die rollenden drei Körper haben einen Ständer, auf dem sie stehen. In einem extra Kasten befinden sich Grundflächentäfelchen aus Holz. Es gibt zwei Körbe und ein schönes Tuch.

Einführung: Die Erzieherin holt alle blauen Körper aus dem Korb und zeigt sie dem Kind. Jeder Körper wird dabei mit den Fingern genau ertastet und die Rundungen und Ecken befühlt. Um vertraut zu werden mit den unterschiedlichen Formen, lässt man das Kind etwas bauen (eine Kirche, ein Haus etc.).

Dann führt man die Begriffe für die jeweiligen Körper ein, zuerst wählt man zwei oder drei Körper aus und benennt sie mit Hilfe der Drei-Stufen-Lektion (vgl. Kap. 5.2.3).

1. Lernschritt: „Das ist die Kugel."
2. Lernschritt: „Bitte gebe mir die Kugel."
3. Lernschritt: Die Erzieherin zeigt den Körper und fragt „Was ist das?" Später legt man die Körper, die das Kind benennen kann, in den zweiten Korb und deckt sie mit dem Tuch zu. Das Kind kann nun die bekannten Körper ertasten und identifizieren.

Übungsmöglichkeiten: Das Kind sortiert alle Körper danach, ob sie rollen oder stehen.

Auf zwei Teppichen liegt jeweils ein Körper, der rollt, und auf dem anderen einer, der steht. Nun sucht das Kind im Raum andere Körper, die auch rollen oder stehen und ordnet sie den passenden Körpern zu.

Ebenfalls zwei Teppiche, auf dem einen liegt z. B. die Kugel, auf dem anderen der Kubus. Das Kind sucht im Raum Gegenstände mit gleicher oder ähnlicher Form und ordnet sie der Kugel oder dem Kubus zu. Zur Kugel z. B. eine Perle, einen Ball, ein Wollknäuel und zum Kubus einen Würfel, einen Bauklotz, einen Kasten usw.

Die blauen Körper liegen zugedeckt in dem Korb und das Kind fühlt hinein, ertastet einen Körper und sagt, ob dieser rollt oder kippt.

Die Erzieherin bittet das Kind, seine Augen zu schließen. Dann gibt sie ihm einen Körper, den das Kind betastet. Daraufhin bittet man das Kind, den Körper zurückzugeben und legt ihn zwischen die anderen Körper. Wenn das Kind die Augen wieder geöffnet hat, soll es ihn, ohne zu fühlen, wiedererkennen.

Die blauen Körper auf eine passende Grundfläche stellen.

Alle die Körper heraussuchen, die eine rechteckige Grund- bzw. Seitenfläche haben usw.

Welche Körper haben etwas gemeinsam? Diese soll das Kind suchen und zusammenstellen.

Erfolgskontrolle: Die Grundflächentäfelchen und die Grundflächen der Körper müssen übereinstimmen.

Ziele: Wahrnehmen und Erkennen der verschiedenen geometrischen Körper, sowie die Wahrnehmung, was statisch ist und was dynamisch. Indirekte Vorbereitung auf die Stereometrie (die Lehre der Geometrie und Berechnung der Gebilde).

Viele der Sinnesmaterialien bilden eine indirekte Einführung in das Schreiben, Lesen und das Rechnen und erweitern gezielt den Wortschatz eines Kindes: Die Handgeschicklichkeit wird verfeinert, Gehörübungen fördern das Hören der Sprache usw. Mit diesen Vorbereitungen fällt es Kindern nicht schwer, schon im Kindergartenalter erste Schreib- und Leseversuche zu starten.

5.3.4 Sprachmaterialien

Für Montessori haben Kinder von Anfang an einen großen „Sprachhunger". Die Spracherziehung, wie auch die Bildung des mathematischen Geistes, sind für sie deshalb nicht erst Sache der Schule, sondern sollten bereits am ersten Tag im Kindergarten beginnen. Heute wissen wir, dass die sensible Phase für die Sprache schon sehr früh beginnt.

In Kindertageseinrichtungen ist es deshalb wichtig, diesem Sprachhunger Rechnung zu tragen, indem einerseits viele Geschichten erzählt werden, Erlebnisse berichtet, Aufträge besprochen und Rollen- bzw. Puppenspiele gespielt werden. Und auch die Sprache bei den Übungen des

täglichen Lebens und speziell die Einführungen neuer Begriffe durch die Drei-Stufen-Lektion unterstützen die Spracherziehung der kleinen Kinder. Ebenso ermuntern Gespräche und unsere Fragen die Kinder zum Sprechen. Wir sollten die spontanen Äußerungen zulassen. Doch erst in einer angstfreien Atmosphäre wird ein Kind das Vertrauen entwickeln, das es braucht, um sich und sein Sprachvermögen aktiv auszuprobieren. Erst wenn ein Kind sich sicher fühlt, findet es das Selbstvertrauen, seine Gedanken, Ideen, Gefühle, Fragen und Wünsche zu äußern.

Die natürliche Sprachentwicklung wird auch entscheidend durch die Vorbildfunktion der Erzieher/innen (ebenso der Eltern) mit ihrem Sprachverhalten gefördert. Dabei können wir auf folgendes achten:

- Die Bezugsperson des Kindes spricht langsam und deutlich.
- Sie spricht freundlich.
- Sie schaut das Kind (die Kinder) beim Sprechen an.
- Sie spricht bewusst, wählt präzise und eindeutige Ausdrücke.
- Sie formuliert ganze, grammatikalisch richtige Sätze, nicht sehr lang und nicht verschachtelt.
- Sie gibt anspruchsvolle, klare, logische und ausformulierte Antworten auf die Fragen des Kindes.
- Sie regt durch unterschiedliche Frage-Wörter (Wer? Was? Warum? Weshalb? Wieso? Wann? Wohin? Wofür? usw.) Gespräche an.
- Sie liest sprachlich anspruchsvolle Bücher und Geschichten vor.
- Sie korrigiert Sprachfehler behutsam und nicht im Redefluss des Kindes.

Neben diesen wichtigen Angeboten und Übungen für die Spracherziehung gibt es in der Montessori-Methode weitere konkrete Materialien zur Einführung ins Schreiben und Lesen. Die sensible Phase hierfür setzte Montessori ja viel früher, bereits vor dem Schulalter an. In der Praxis zeigte und zeigt sich denn auch, dass Vierjährige gerne erste Übungen für das Schreiben und das Lesen wählen.

Hier wieder einige Material- und Übungsbeispiele:

- Sprachspiele
- Erlebnisberichte
- Rollen- und Puppenspiele
- Einzelgespräche
- Wortschatzerweiterung durch Gegenstände der Umgebung

- Vorlesen schöner Bücher und Geschichten
- Metallene Einsätze
- Sandpapierbuchstaben
- Flache Kiste mit Sand
- Großes bewegliches Alphabet
- Mittleres bewegliches Alphabet
- Kleines bewegliches Alphabet
- Lesekörbchen
- Auftragskarten

Metallene Einsätze

Alter: ab 3 Jahren

Material: Zwei flache Ständer, auf denen jeweils fünf rote oder rosa Metallrahmen liegen (Kantenlänge 14 cm). In diesen roten Rahmen befinden sich verschiedene blaue Einsätze: ein Quadrat, ein Rechteck, Dreieck, Trapez, Fünfeck, Kreis, Ellipse, Ei, kurviges Dreieck, Vierpass. Diese Einsätze haben in der Mitte einen kleinen Metallknopf zum Anfassen. Ferner stehen viele verschiedenfarbige Buntstifte bereit und ausreichend viele quadratische Blätter Papier, auf die Größe 14 cm x 14 cm (entsprechend der Metallrahmen) zurechtgeschnitten, die in einer offenen Kiste aufbewahrt werden.

Einführung: Diese Arbeit führt das Kind am Besten auf einem Tisch aus, damit die Unterlage hart genug ist. Um ein Kind einzuführen, bieten sich die runden Formen an, da sie leichter nachzufahren sind. Man holt sich einen Metallrahmen mit Einsatz (z. B. den Kreis), drei verschiedene Stifte und mehrere Blätter Papier auf den Tisch. Als erstes nimmt man nun den Metallrahmen und legt ihn genau auf das quadratische Papier. Dann zeichnet man mit einem Farbstift die ausgesparte Form des Rahmens im Uhrzeigersinn sorgfältig nach (kleinen Kindern fällt es noch schwer, gleichzeitig den Rahmen zu halten und mit dem Stift nachzufahren). Wenn Sie den Rahmen vom Papier heben, ist die Form auf dem Papier zu erkennen. Nun greift man mit den Schreibfingern („Pfötchengriff") den Metalleinsatz und legt ihn genau auf die gerade gezeichnete Form. Den Einsatz drückt man fest auf und zeichnet ihn mit einem anderen Farbstift nach. Beim Abheben des Einsatzes sind jetzt zwei parallel verlaufende Linien zu sehen. Mit dem dritten Stift füllt man nun die Innenfigur auf dem Papier aus, indem man z. B. viele parallel verlaufende Striche innerhalb der Innenlinie zieht. Dabei achtet man darauf, dass die Striche nicht über den Innenrand hinausgehen.

Das Kind kann so alle Metallrahmen und Einsätze auf Papier nachzeichnen und mit Linien ausfüllen. Zum Schluss kann man die Blätter zwischen farbige Pappe legen und zusammenbinden, so dass daraus ein richtiges Büchlein entsteht.

Übungsmöglichkeiten: Das Kind kann verschiedene Einsätze zeichnen, die sich z. B. in der Mitte überschneiden. Die so entstandenen Flächen kann es dann unterschiedlich farbig ausmalen. Sicher haben die Kinder hier ihre eigenen kreativen Ideen. Kinder können auf diese Weise eine Art Mandala selber herstellen. Mandalas sind bei vielen Kindern bis in die Grundschulzeit hinein sehr beliebt und fördern Entspannung und Konzentration.

Erfolgskontrolle: Die Innenlinien verlaufen innerhalb des Innenrands.

Ziele: Schulung der Feinmotorik, was auf die Schreibbewegungen vorbereitet. Und der ästhetische „Sinn" eines Kindes wird gefördert.

Für das Schreibenlernen sind gewisse Voraussetzungen notwendig, die im Kindergarten gefördert werden sollten. Um Schreiben zu können muss ein Kind:

■ die manuelle Fertigkeit besitzen, die z. B. durch das „Arbeiten" mit den Einsatzzylindern, den metallenen Einsätzen, den geometrischen Puzzles und den Sandpapierbuchstaben geübt werden können,

■ ein Kind muss Laute richtig aussprechen, kombinieren und einander zuordnen können. Die deutliche Aussprache der Erwachsenen, bei der jeder Laut und Phoneme klar herauszuhören sind, helfen dabei dem Kind. Wenn Kinder anfangen zu schreiben, sprechen sie dabei leise die Buchstaben.

▓ Sandpapierbuchstaben

Die Sandpapierbuchstaben sind eine weitere Hilfe, um die einzelnen Buchstaben in ihrer Schreibweise und ihrer Lautierung gut zu lernen.

Alter: ab 4 Jahren

Material: Auf rosa lackierten Holzbrettchen sind alle Konsonanten unseres Alphabets aus Sandpapier aufgeklebt. Die Vokale sind ebenfalls aus

Sandpapier auf blau lackierte Brettchen geklebt. Es gibt die Buchstaben in Druckschrift oder in Schreibschrift, klein oder groß geschrieben. Die Holzbrettchen stehen in einem passenden Holzkasten.

Einführung: (Einzelübung) Zuerst bietet man einem Kind Buchstaben ohne Material an. Man spricht einen Laut, z. B. „O", deutlich aus und danach ein Wort, das mit O anfängt, beispielsweise „Otto". Dem Kind fällt sicher auch ein Wort mit „O" ein. Danach zeigt man dem Kind drei Buchstaben der Sandpapierbuchstaben (am besten drei Vokale, alles in Kleinschrift). Sie liegen alle drei auf dem Tisch bereit und der erste Buchstabe wird hochgehoben. Mit den Schreibfingern fährt man dann ganz langsam den Sandpapierbuchstaben in Schreibrichtung nach und spricht dabei den phonetischen Laut aus (bei Konsonanten wird also nicht aus einem „k" ein „ka"). Wieder nennt man auch ein Wort mit dem entsprechenden Buchstaben. Dann probiert es das Kind. Ebenso werden die zwei weiteren Buchstaben lautiert und mit den Schreibfingern nachgefahren. In Form der Drei-Stufen-Lektion fragt man das Kind im zweiten Lernschritt: „Bitte gebe mir o" usw. Zur Einübung kann man das Kind hier auch auffordern: „Bitte bringe o auf die Fensterbank" und später: „Bitte hole mir o." Im dritten Schritt zeigt man den Sandpapierbuchstaben und fragt das Kind: „Was ist das?" Wenn es den Buchstaben gelernt hat, wird es ihn sagen können.

Übungsmöglichkeiten: Die Erzieherin legt einer Gruppe von Kindern mehrere Sandpapierbuchstaben auf einem Teppich aus und ermuntert die Kinder: „Sucht die Buchstaben heraus, die ihr kennt." Beim Nachfahren und Aussprechen des Buchstabens sieht man dann, ob das Kind den Buchstaben wirklich kennt. Sonst legt man ihn kommentarlos beiseite. Gemeinsam sucht man mit den Kindern Wörter mit den ausgewählten Buchstaben.

Wenn alle Vokale und einige Konsonanten dem Kind bekannt sind, kann man mit dem so genannten Gummibandlesen beginnen, danach das erste bewegliche Alphabet einführen.

Das Gummibandlesen kombiniert einen Vokal und einen Konsonanten, das heißt, es werden einzelne Sandpapierbuchstaben zusammengeschoben. Das Kind beobachtet z. B., wie die Erzieherin ein blaues „e" mit einem rosa „n" zusammenschiebt und damit die Silbe „en" bildet. Ebenso können die zwei Buchstaben anders herum zusammengelegt werden, erst das „n" und dann das „e" zu der Silbe „ne". Parallel hierzu werden die restlichen Buchstaben eingeführt.

Fehlerkontrolle: Das Kind spürt, wenn seine Finger von der rauen Sandpapierfläche auf das glatte Holz kommen.

Ziele: Das Kind lernt die Laute in Worten zu erkennen und sie über taktile Wahrnehmung, Muskelbewegung und das Sehen zu erinnern (Kombination von hören, sehen und fühlen). Eine Übung zur Vorbereitung darauf, Worte aus Lauten zu bilden und zu schreiben.

Damit ein Kind die Schreibrichtung und Schreibbewegungen gut einüben kann, gibt es auch die Möglichkeit, ihnen auf einem *flachen Tablett* (oder Blumenuntersetzer), gefüllt *mit feinem Vogelsand*, erste Schreibversuche anzubieten. Man wählt sich einen Sandpapierbuchstaben aus, fährt in Schreibrichtung nach und versucht das in gleicher Weise dann in dem vorbereiteten Sand. Als Einführung streicht die Erzieherin den Sand glatt und fährt dann mit den Schreibfingern, so wie bei dem Sandpapierbuchstaben, durch den feinen Sand. Der Buchstabe ist im Sand zu sehen. Der Sand wird wieder glatt gestrichen und nun kann das Kind es selbst probieren.

Später kann es versuchen, diesen Buchstaben auf ein größeres Blatt Papier zu „malen", eventuell schreibt die Erzieherin den Buchstaben einmal groß vor und das Kind fährt ihn mit verschieden farbigen Buntstiften mehrmals nach.

Auch sonstige Malübungen unterstützen das Schreiben: Wenn ein Kind viele Dachziegel auf das Hausdach seines Bildes malt, oder wenn es kreisförmigen Dampf aus der Lokomotive aufsteigen lässt, oder wenn es auf sein Bild viele dreieckige Fähnchen malt usw., so übt es Linien zu malen, die wir auch beim Schreiben der Buchstaben brauchen. Der Buchstabe „U" ähnelt z. B. einem Dachziegel.

Großes Bewegliches Alphabet
Alter: ab etwa 5 Jahren (Wenn das Kind die meisten Sandpapierbuchstaben kennt, Vokale und Konsonanten kombiniert hat und ein Bedürfnis hat, mehr Buchstaben zusammenzufügen.)

Material: Ein flacher Kasten, in viele kleine Fächer untergliedert, in denen jeweils die Buchstaben des Alphabets aus dünnem Kunststoff oder Pappe (wieder Vokale blau und Konsonanten rosa) einsortiert sind. Der Kasten enthält nur kleingeschriebene Buchstaben. Von den Vokalen sind je 10 und von den Konsonanten je 5 Stück vorhanden. Sie sind so groß wie die Sandpapierbuchstaben.

Einführung: Es wird ein Teppich ausgelegt und die beiden Kästen und die Sandpapierbuchstaben geholt. Die Erzieherin ordnet die Buchstaben deckungsgleich an. Dann nimmt sie einen Buchstaben des beweglichen Alphabets und legt ihn auf den entsprechenden Sandpapierbuchstaben. Dabei benennt sie den Buchstaben.

Danach nennt die Erzieherin ein leichtes Wort, wie „Oma" und sucht die Buchstaben für das Wort aus dem beweglichen Alphabet, legt sie in der Reihenfolge o-m-a nebeneinander. Beim Hinlegen der Buchstaben wird jeder Buchstabe betont.

Damit die Erzieherin den Kindern hier Worte auswählt, die es auch legen kann, ist es gut, wenn sie sich bei der Einführung der Sandpapierbuchstaben kurz notiert, welche Buchstaben das Kind gelernt hat.

Nachdem ein Wort gelegt wurde, wird es nicht gelesen. Deshalb soll auch hier die Rechtschreibung (keine Groß- und Kleinschreibung, nur auf gehörte Laute achten) nicht verbessert werden. Schreibt ein Kind

z. B. das Wort „kuh", wird es vermutlich lautgetreu die Buchstaben „k u" hinlegen, dass „h" hört es ja nicht deutlich. Solche Korrekturen würden ein Kind in diesem Anfangsstadium des Schreibens entmutigen. Die richtige Rechtschreibung wird frühestens am Ende des ersten Schuljahres relevant.

Zum Schluss dieser Übung sortiert das Kind die ausgestanzten Buchstaben wieder in die entsprechenden Fächer des Kastens (für Fünfjährige nicht einfach, dafür brauchen sie Zeit) und bringt ihn in das Regal zurück. Wenn der Teppich auch zurück in den Ständer gestellt wurde, ist die Arbeit fertig.

Übungsmöglichkeiten: Die Erzieherin hat einen Korb mit verschiedenen Gegenständen vorbereitet, deren Namen phonetisch geschrieben werden: Rose, Blume, Dose, Nadel usw. Das Kind wählt sich hiervon einen Gegenstand aus, sagt den Namen und sucht nun die entsprechenden Buchstaben aus dem beweglichen Alphabet heraus. Die legt es in der richtigen Reihenfolge rechts neben den Gegenstand. Unter den ersten Gegenstand legt es einen zweiten und sucht auch dazu die passenden

Buchstaben. Und wieder sortiert das Kind zum Schluss alle Buchstaben wieder in die richtigen Fächer und räumt das Material zurück.

In einem späteren Schritt werden die Gegenstände durch Bildkarten ersetzt und ihre Namen nicht mehr laut ausgesprochen. Das Kind wählt eine Bildkarte mit einem Gegenstand („Opa") aus und sucht wie zuvor die Buchstaben, legt sie rechts neben die Karte usw.

Das Kind denkt sich selbst kleine Wörter aus und legt sie mit den Buchstaben.

Sollte das Kind durch erste Leseübungen sinnentnehmend kleine Wörter lesen können (siehe unten die Einführung in das erste Lesen), so kann man auch eine Liste mit phonetisch geschriebenen Wörtern vorbereiten (die Buchstaben in Form und Größe wie die Buchstaben der ausgestanzten Buchstaben schreiben), die das Kind mit dem großen beweglichen Alphabet nachlegt.

Erfolgskontrolle: Sie entfällt hier, da es nur darum geht, Laute durch Buchstaben darzustellen. Wenn auffällt, dass ein Kind bestimmte Buchstaben noch nicht beherrscht, kann die Erzieherin diese mit Hilfe der Sandpapierbuchstaben einführen.

Und sollte ein Kind ein Wort nicht richtig gehört haben, kann die Erzieherin es ihm noch einmal langsam und deutlich sagen.

Ziele: Das Kind entwickelt ein Gefühl für die Lage und den Raum der Buchstaben, es lernt, Wörter zu analysieren und erste Worte lautgetreu zu „schreiben", indem es Wörter graphisch reproduziert.

Mittleres bewegliches Alphabet

Alter: etwa 5,5 Jahre (Wenn das Kind längere Wörter und sogar erste kleine Sätze bilden möchte.)

Material: Ein flacher Kasten, in dem viele Buchstaben unseres Alphabets ausgestanzt in einzelnen Fächern sortiert sind. Hier sind die Buchstaben alle in gleicher Farbe und kleiner als bei dem großen Alphabet.

Einführung: Das Kind kennt die Arbeit mit dem großen beweglichen Alphabet bereits und weiß, dass es mit den Buchstaben Wörter legen kann. Mit dem mittleren Alphabet kann es nun auch längere Wörter legen oder erste kleine Sätze bilden. Hierzu kann es sich zu Beginn wieder Gegenstände oder Bildkarten auswählen, deren Namen es „schreibt", und später kleine Sätze, die von der Erzieherin vorbereitet wurden, nachlegen.

Erfolgskontrolle: Wenn, dann nur durch die Erzieherin oder Kinder, die ihm helfen. Erst wenn das Kind kleine Wörter liest, kann man auf die Rückseite der Bildkarten die Wörter schreiben, die das Kind mit den gelegten Buchstaben vergleicht.
Ziele: Auch hier übt das Kind schreiben.

Das kleine *bewegliche Alphabet* hat noch kleinere ausgestanzte einfarbige Buchstaben, womit ein Kind längere Sätze oder auch erste kleine Texte legen kann. Hier können auch Phonogramme wie „sch" oder pf" eingeführt werden. Und man kann erste behutsame orthographische Verbesserungen bei dem Kind durchführen.

Erste Leseübungen

Alter: ab etwa 4,5 Jahren (Wenn ein Kind mit dem Gummibandlesen und dem großen beweglichen Alphabet vertraut ist.)
Material: Die Erzieherin hat eine schöne Schachtel oder einen Korb mit Gegenständen vorbereitet, die lautgetreu geschrieben werden: wie Hut, Nagel, Lupe, Dose usw. Die entsprechenden Wörter sind auf Karten aus Pappe deutlich aufgeschrieben. Ferner liegen leere Zettel und ein Stift bereit.
Einführung: Diese Übung kann sowohl mit einem Kind wie auch in einer Gruppe von Kindern durchgeführt werden.

Die Kinder nehmen die Gegenstände aus der Schachtel und benennen sie. Nun wählt die Erzieherin einen Gegenstand aus und legt ihn gesondert hin. Daneben schreibt sie auf den leeren Zettel langsam den Namen, ohne zu sprechen, aber so, dass die Kinder es sehen können, und legt ihn rechts neben den Gegenstand. Dann wählt sie weitere Gegenstände aus und schreibt ebenfalls deren Namen auf einen leeren Zettel, bis die etwa fünf Gegenstände jeweils mit dem beschriebenen Zettel übersichtlich auf dem Arbeitsplatz liegen. Es reicht schon, wenn ein Kind hier nur den Anlaut des Gegenstandes und Begriffes kennt, um das kleine Wort zu verstehen. Für den Hut muss es das „H" erkennen, um es dem Gegenstand „Hut" zuordnen zu können. Dazu ermuntert man nun das Kind, dass es die vorgefertigten Namenkarten zu den jeweiligen Gegenständen legt.
Übungsmöglichkeiten: Man legt die Gegenstände aus und fragt die Kinder: „Ich möchte gerne eine dieser Sachen haben. Ich bin mal gespannt,

ob ihr wisst, was ich haben möchte." Dann schreibt man den Namen eines Gegenstandes vor den Augen der Kinder auf ein leeres Blatt Papier. Die Kinder werden versuchen, die Laute zusammenzuziehen, um das Wort zu lesen. Eventuell hilft die Erzieherin beim Lautieren. Wenn ein Kind den Namen gelesen hat, legt es ihn zu dem passenden Gegenstand.

Einführung in *Lesekörbchen:* verschiedene, nach Schwierigkeitsgrad durchnummerierte Körbchen oder Schachteln, in denen jeweils fünf Gegenstände und die dazugehörigen Namenkarten (aus Pappe) liegen. Das Kind nimmt sich einen Korb, breitet die Gegenstände aus und sagt die Namen dazu. Dann sortiert es selbstständig die entsprechenden Namenkarten zu den Gegenständen.

Erfolgskontrolle: Es darf keine Namenkarte übrig bleiben.

Ziele: Das Kind lernt, dass geschriebene Wörter etwas bedeuten, erste Leseübungen (eventuell über den Anlaut).

Wenn ein Kind erste Worte sinnentnehmend lesen kann (die Worte versteht, ohne den entsprechenden Gegenstand zu sehen), dann lesen sie unter anderem auch gerne kleine Aufträge, die man auf folierte Zettel geschrieben hat: „Öffne das Fenster." Oder: „Sage deiner Freundin Hallo." Und man kann ihnen erste Leseheftchen anbieten, die nur aus wenigen Seiten bestehen. Auf einer Seite steht nur ein einfaches (in späteren Heften dann auch ein schwierigeres) Wort. So kann ein Kind seine ersten „Büchlein" lesen.

5.3.5 Mathematikmaterialien

Für Montessori ist die Mathematik kein Sonderphänomen, das manche verstehen und andere nicht, sondern Mathematik gehört zum Menschen, er verfügt über eine Art mathematischen Sinn, der schon bei kleinen Kindern zu beobachten ist, wenn sie Kieselsteine und andere Gegenstände ordnen und Mengen sortieren. Überall wo Serien gebildet und Vergleiche gezogen werden, finden sich mathematische Aspekte. Deshalb war Montessori sehr dafür, dass Kinder früh genug, wie bei der Sprachentwicklung, erste wichtige mathematische Vorerfahrungen machen. Solche Angebote sollten also auch schon im Elementarbereich gemacht werden.

Die Montessori-Methode bietet schon für Vorschulkinder systematische, kindgerechte Materialien für das Lernen mathematischen Basiswissens, dem Erlernen der Zahlen, des Dezimalsystems, der Grundrechenarten usw. an. Mit dem Montessori-Material, das, wie alle Montessori-Materialien, den sensomotorischen Bedürfnissen der Kinder entspricht, können Kinder über konkrete Grunderfahrungen zunehmend abstrakte Prozesse verstehen.

Durch die systematische und anschauliche Heranführung an die Mathematik verstehen Kinder schon mit 4 bis 5 Jahren (also sehr früh) das goldene Perlenmaterial, das in das Dezimalsystem einführt. Vorbedingung ist nur, dass sie den Zahlenraum von 1 bis 10 beherrschen. Dann können sie 10 goldene Perlen zusammenzählen und leicht in ein goldenes Zehnerstäbchen umtauschen. Wenn sie 10 goldene Zehnerstäbchen zusammenzählen, können sie auch die wieder leicht in eine goldene Hunderter Platte umtauschen und davon brauchen sie dann wieder 10, die sie in einen goldenen Tausender-Würfel umtauschen können. Auch die vier Grundrechenarten lassen sich mit solchen Materialien sehr anschaulich und einfach bei Vorschulkindern einführen. Allerdings braucht ein Kind wichtige, konkrete sensomotorische Vorerfahrungen dafür.

Beim Wechsel in die Grundschule beherrscht ein Kind durch die Montessori-Methode bereits viele wichtige mathematische Vorübungen, kennt vermutlich den Zahlenraum bis 1000 schon.

Solche mathematischen Vorübungen macht das Kind mit Sinnesmaterialien. Einige von ihnen stellen – wie schon ausgeführt – eine indirekte Vorbereitung auf die Mathematikübungen dar. Erste Wahrnehmungen der Dimensionen kann ein Kind mit folgendem Sinnesmaterial machen:
– den roten Stangen
– dem rosa Turm
– der braunen Treppe
– den Einsatzzylindern
– den knopflosen Zylindern
Und geometrische Formen erlebt das Kind mit:
– der geometrischen Kommode
– den geometrischen Körpern
– den konstruktiven Dreiecken
– dem binomischen Kubus
– dem trinomischen Kubus

Lassen Sie mich die wichtigsten Montessori-Mathematikmaterialien auflisten und Ihnen anschließend beispielhaft einige Materialien näher vorstellen:

▨ Einführung in die Zahlen 0 bis 10:
– Numerische (blau-rote) Stangen
– Numerische Stangen zusammen mit Ziffernkarten von 1 bis 10
– Spindeln (Einführung der Null)
– Sandpapierziffern (0 bis 9)
– Ziffern und Chips
– Gedächtnisspiele mit Zahlen

▨ Einführung in die Zahlen 11 bis 19 und die fortlaufenden Zehner (20 bis 99):
– Kleine Perlentreppe
– Zehnerbretter 1 (Seguin-Tafeln 1)
– Zehnerbretter 2 (Seguin-Tafeln 2)
– Goldene Hunderter-Kette mit kleinen Ziffern (linear zählen 1 bis 100)
– Goldene Tausender-Kette mit kleinen Ziffern (linear zählen 1 bis 1000)
– Farbige Perlen-Ketten mit Quadraten und Kuben (zählen mit Überspringen)

▨ Einführung in das Dezimalsystem:
– Goldenes Perlenmaterial
– Goldenes Perlenmaterial mit Ziffernkarten (1 bis 9999)

▨ Einführung in die vier Grundrechenarten:
Goldenes Perlenmaterial für Addition, Subtraktion, Multiplikation, Division
– Zur Addition: Schlangenspiel
– Steifenbrett mit Kontrolltafeln 1 und 2
– Additionsübungstabellen 1, 2, 3, 4
– Zur Subtraktion: Negatives Schlangenspiel
– Negatives Streifenbrett mit Kontrolltafel

- Subtraktionsübungstabellen 1, 2
- Zur Multiplikation: farbige Perlenstangen
- Kleines Multiplikationsbrett mit Kontrolltafeln 1, 2
- Übungstabellen 1, 2, 3
- Zur Division: kleines Divisionsbrett
- Übungstabellen 1, 2

■ Numerischen Stangen

Dieses Material ist vergleichbar mit den roten Stangen (Sinnesmaterial), hier kann allerdings das Kind zusätzlich erste einfache Rechenaufgaben üben.

Alter: ab etwa 4,5 Jahren

Material: Zehn Vierkanthölzer (2,5 x 2,5 cm stark). Der erste Holzstab ist 10 cm lang und rot angestrichen. Der Zweite ist 20 cm lang und halb rot und halb blau angestrichen. Der Längste ist 100 cm lang mit abwechselnd fünf roten und fünf blauen Abschnitten. Am besten führt man die Stangen auf einem hellen, einfarbigen Teppich ein.

Einführung: Die Holzstangen werden ungeordnet auf dem Boden verteilt. Dann sucht die Erwachsene mit aufmerksamem Blick die längste Stange heraus. Jede Stange wird dabei von links nach rechts (Schreibrichtung) mit den Schreibfingern der Länge nach einmal langsam nachgefahren, um ihre Länge auch wirklich wahrzunehmen. Dann legt man sie links oben auf den Arbeitsteppich. Anschließend sucht man die nächstkürzere Stange, fährt auch sie der Länge nach ab und legt sie linksbündig unter die erste Stange. So sucht man eine Stange nach der anderen dazu, bis alle zehn Stangen untereinander liegen. Zum Schluss nimmt man die kleinste Stange und überprüft die Längenunterschiede der entstandenen „Treppe". Jede Treppenstufe entspricht der kleinen roten Stange. Wenn das Kind mag, wiederholt es die Übung.

Übungsmöglichkeiten: Eine weitere Übung besteht darin, mit der kürzesten Stange anzufangen und alle in umgedrehter Reihenfolge hinzulegen. Oder die Stangen können mit verbundenen Augen aufgereiht werden.

Später kann das Kind auch schauen: „Wo findest du Sachen, die gleich lang sind?" Und diese zur entsprechenden Stange legen.

Wenn das Kind die numerischen Stangen kennt, kann die Erzieherin die Zahlennamen einführen: Man beginnt mit den ersten drei Stangen, die man herausnimmt. Die kleine rote Stange wird aufgehoben, mit den Fingern der Länge nach abgefahren: „Das ist Eins." Dann legt man die Stange ordentlich an die linke Seite und hebt die zweite Stange hoch. Auch ihre Länge ertastet man und zählt eins, zwei für einen roten und einen blauen Abschnitt. Zu dieser Stange sagt man: „Das ist Zwei." Wenn die Stangen mit den Zahlenamen gezeigt und benannt wurden, kommt der zweite Lernschritt, nun bittet man das Kind: „Bitte gib mir Eins." Und so weiter. Wenn das Kind die entsprechende Stange gibt, zeigt man zum Schluss auf eine Stange und fragt: „Was ist das?" So können zunehmend alle Stangen von eins bis zehn benannt werden. Als weitere Übung kann man einzelne Stangen im Raum verteilen und das Kind bitten, die Zehn zu holen usw. Jedes Mal, bei der Angabe einer Zahl, sollte das Kind die Abschnitte der Stange berühren und abzählen, auch wenn es sie schon überblicken kann. Dadurch wiederholt und lernt es die numerische Ordnung.

Erfolgskontrolle: Wenn die Abstufungen der Stangen nicht stimmen, kann man diese Unregelmäßigkeit durch das Anlegen der kleinsten (roten) Stange sehen.

Ziele: Ein Kind nimmt unterschiedliche Mengen, Ordnungsstrukturen und Serien wahr: Kennen lernen des Dezimalsystems auf geometrische und arithmetische Weise. Das Kind lernt ebenfalls, Längen zu unterscheiden und erfährt Relationen von Länge und Gewicht. Auch hier muss ein Kind schauen und greifen, was seine Kontrolle über seine Muskelbewegungen fördert.

Sandpapierziffern

Alter: etwa ab 4 Jahren

Material: (Ähnlich wie die Sandpapierbuchstaben) 10 grüne Holzbrettchen, auf denen jeweils die Zahlen von 0 bis 9 aus Sandpapier aufgeklebt sind.

Einführung: Die Ziffer Null wird erst einmal weggelegt, sie wird mit den Spindelkästen eingeführt. Die restlichen Ziffern werden wie die Sandpapierbuchstaben eingeführt. Zuerst die ersten drei Ziffern, an einem anderen Tag die nächsten Ziffern. Auch hier wird die Drei-Stufen-Lektion angewendet: Die Erzieherin nimmt die Sandpapierziffer 1 hoch und fährt sie mit den Schreibfingern in Schreibrichtung nach. Dabei sagt sie:

„Das ist Eins." Das Kind wiederholt das Gleiche. Falls es dabei einen Fehler macht, fordert man das Kind auf, noch einmal ganz genau hinzuschauen und wiederholt die Übung noch einmal sehr langsam. Dann zeigt und benennt die Erzieherin die Ziffer Zwei und Drei.

Im zweiten Schritt werden die Ziffern neu gemischt und die Erzieherin bittet das Kind, ihr die Eins, Zwei und Drei zu geben. Das Kind sucht die Ziffer jeweils heraus und fährt sie mit den Schreibfingern nach, um sie sich besser einzuprägen.

Im dritten Lernschritt zeigt die Erzieherin dem Kind eine Ziffer und fragt: „Was ist das?" Auch hier fährt das Kind die Ziffer mit den Fingern nach und benennt sie.

Erfolgskontrolle: Das Kind fühlt, wenn es auf die glatte Fläche neben die Sandpapierziffer kommt.

Ziele: Das Kind lernt die geschriebenen Zahlen kennen und wird auf das Schreiben der Ziffern 1 bis 9 vorbereitet.

Numerische Stangen mit Ziffern 1 bis 10

Alter: Im Anschluss an die Einführung in die numerischen Stangen und die Sandpapierziffern.

Material: Die numerischen Stangen und die Ziffern 1 bis 10 auf kleine Holzbrettchen rot aufgedruckt.

Einführung: Zuerst zeigt und benennt man dem Kind die Ziffer 10, die bei den Sandpapierziffern nicht dabei ist. Dann ordnet man die neuen Ziffern der numerischen Stangen den bekannten Sandpapierziffern zu.

Danach werden die Stangen und die Zahlenkarten einander zugeordnet. Dafür mischt man jeweils die Stangen und Ziffern und legt diese getrennt voneinander im Raum aus. Dann zeigt man dem Kind eine Ziffer und bittet es, die entsprechende Stange zu holen. Die Abschnitte der Stange werden vom Kind abgezählt und wenn es die Richtige ist, wird sie zur Ziffer gelegt. Ebenso nennt man die anderen Ziffern, zu denen das Kind die jeweilige Stange holt, abzählt und dazulegt. Umgekehrt kann die Erzieherin dem Kind auch eine numerische Stange zeigen und das Kind bitten, die passende Ziffer zu holen. Das Kind zählt die Abschnitte der Stange, nennt die Zahl und holt aus einer anderen Ecke des Raumes die Ziffer, legt sie zur Stange.

Übungsmöglichkeiten: Man zeigt dem Kind eine Stange und bittet es, die nächstkleinere oder nächstgrößere Stange zu holen.

Danach kann man dem Kind das Zerlegen von Zahlen und erste Rechenaufgaben zeigen: Dafür legt man die Neuner-Stange unter die Zehner-Stange und fragt das Kind: „Welche Stange muss ich zur Neun legen, damit sie so lang wird wie die Zehner-Stange?" Wenn das Kind es herausgefunden hat, legt es die Einer-Stange hinten an die Neuner-Stange. Zu den Stangen legt man die Ziffern.

Das gleiche lässt sich auch mit anderen Stangen durchführen (8 und 1 ist 9, genauso wie 7 plus 2 gleich 9 ist usw.)

Erfolgskontrolle: Durch das Abzählen der Abschnitte der Stangen kann die Ziffer überprüft werden. Und beim Zerlegen bzw. Addieren der Stangen stimmen die Längen der zwei (später auch drei) Stangen überein.

Ziele: Die Kinder lernen, Ziffer und Zahl richtig zuzuordnen und lernen den Aufbau des Zehners kennen. Indirekte Vorbereitung auf die Grundrechenarten.

 Spindelkästen

Alter: ab etwa 4 Jahren (Wenn ein Kind die numerischen Stangen mit Ziffern kennen gelernt hat.)

Material: Zwei offene Holzkästen, die jeweils in 5 gleich große Fächer unterteilt sind. Am hinteren Rand, gut sichtbar, steht im ersten Fach die Ziffer 0, im zweiten die Ziffer 1 bis zur Ziffer 9. In den Fächern befindet sich die jeweilige Menge an Holzspindeln (insgesamt 45), mit einem Gummiring zusammengehalten.

Einführung: Mit den Kästen lässt sich gut auf dem Tisch arbeiten, doch das Kind sollte selbst den Arbeitsplatz wählen. Man holt die beiden Kästen auf den Arbeitsplatz und räumt alle Spindeln heraus, nimmt die Gummiringe ab und legt die Spindeln und Gummiringe unsortiert vor die Kästen. Das Kind kennt ja jetzt bereits die Ziffern 1 bis 10. So bittet man es, die Ziffern in den Fächern zu lesen. Die Null benennt man: „Das ist Null". Und man erklärt: „In dieses Fach kommt nichts hinein". Nun lässt man das Kind die Anzahl der Spindeln für jedes Fach abzählen, mit einem Gummiring zusammenbinden und in das Fach hineinlegen.

Übungsmöglichkeiten: Damit das Kind erlebt, dass Null nichts ist, kann man auch weitere Spiele durchführen. Zum Beispiel, indem wir das

Kind bitten: „Komme zwei Mal zu mir", „Komme vier Mal zu mir" und „komme null Mal zu mir" usw. Oder: „Bringe mir vier Spindeln" und „Bringe mir Null Spindeln."

Eine weitere Übung ist ein Gedächtnisspiel, bei dem die Ziffern 0 bis 10 auf einzelnen, zusammengefalteten Blättern notiert sind. Diese verteilt man an 11 Kinder. Sie falten das Blatt auf, lesen die Zahl, falten das Blatt wieder zusammen und legen es auf den Tisch. Wenn alle Zettel hingelegt wurden, holt jedes Kind so viele Gegenstände (Knöpfe, Bauklötze oder Ähnliches), wie die Ziffer auf ihrem Blatt angezeigt hat. Jedes Kind öffnet wieder seinen Zettel und vergleicht die Menge der geholten Gegenstände mit seiner Ziffer. Ein Kind hat nichts geholt und liest die Ziffer 0.

Erfolgskontrolle: Wenn zum Schluss Spindeln bei den Kästen übrig bleiben.

Ziele: Die Kinder erkennen, dass die Ziffer 0 nichts ist und dass Zahlen auch für Mengen gelten, die nicht wie die numerischen Stangen am „Stück" sind, sondern aus einzelnen Gegenständen bestehen.

▨ Ziffern und Chips

Alter: etwa 5,5 Jahren

Material: Eine kleine Holzdose in zwei Fächer unterteilt. In dem einen Fach befinden sich rote, ausgesägte Holzziffern von 0 bis 9 und eine zweite 1 (um die 10 zu bilden), und im anderen Fach 55 rote, flache Plastikchips.

Einführung: Wir holen die Kiste auf unseren Arbeitsplatz und legen die ausgesägten Ziffern von 1 bis 10 aus, vergleichen sie gemeinsam mit dem Kind mit den Sandpapierbuchstaben. Dann räumen wir die Sandpapierbuchstaben beiseite und mischen die roten Ziffern. Nun bitten wir das Kind, sie in der numerischen Reihenfolge (1 bis 10) nebeneinander zu legen. Nun nehmen wir die Chips hinzu und zählen für die Ziffer 1 einen Chip ab, legen ihn darunter. Dann zählen wir zwei Chips für die Ziffer 2, legen sie als Zweiergruppe unter die 2. Ebenso zählen wir drei Chips und legen sie unter die 3, dieses Mal legen wir zwei als Paar nebeneinander und den dritten Chip in die Mitte unter das Zweierpaar. Bei der 4 legen wir also zwei Paare untereinander. Bei jeder ungeraden Ziffer liegt immer der letzte Chip in der Mitte. Hierdurch sieht das Kind gerade und ungerade Zahlen. Man kann ihm auch zeigen, welche Zahlen teilbar sind und welche nicht.

Erfolgskontrolle: Es bleiben keine Chips übrig.

Ziele: Das Kind übt Zahlen einer Menge zuzuordnen und sieht die Teilbarkeit bzw. Unteilbarkeit von Zahlen (gerade und ungerade Zahlen). Und es lernt „unbewusst" auch das Vielfache und untergeordnete Vielfache kennen (8 setzt sich aus vier Paaren, wie aus 2 mal 4 Chips zusammen).

▨ Goldenes Perlenmaterial

Alter: 4 bis 5 Jahre.

Material: Ein Holztablett mit einer goldenen Perle, einem Zehnerstäbchen (aus 10 zusammengefügten goldenen Perlen), einem Hunderterquadrat (aus 10 miteinander verbundenen Zehnerstäbchen), ein Tausender-Würfel (aus 10 miteinander verbundenen Hunderterquadraten).

Zusätzlich gibt es drei andere Tabletts, ein Tablett mit Zehnerstäbchen, ein Tablett mit Hunderter-Quadraten und eins mit Tausender-Würfeln, sowie eine Schale mit einigen Einzelperlen und ein leeres Tablett.

Einführung: Das goldene Perlenmaterial begeistert die meisten Kinder, es führt sie anschaulich in die „Welt" der großen Zahlen. Bald wird es auch interessiert und geduldig die goldene Hunderter-Kette und die goldene Tausender-Kette von Perle zu Perle abzählen. Die Länge der ausgelegten Tausender-Kette ist faszinierend und auch, dass sie zusammengelegt einen Würfel (10 x 10 x 10) ergibt.

Zu Beginn holt man den so genannten Einführungskasten auf die Arbeitsfläche und benennt dem Kind in einer Einzelübung (in der Drei-Stufen-Lektion) den Einer, Zehner, Hunderter und Tausender: Dafür bittet man das Kind, die Perlen der Zehnerstange zu zählen. Wenn es fertig ist sagt man: „Das ist Zehn." Ebenso bittet man das Kind die 10 Stangen des Hunderter-Quadrates zu zählen und sagt: „Das ist ein Hunderter." Und auch die Quadrate des Würfels zählt das Kind, bevor wir ihm sagen: „Das ist ein Tausender." Eventuell wiederholt man die Namen noch einmal.

Im zweiten Schritt mischt man die Perlen und bittet das Kind: „Bitte gib mir einen Tausender." Und: „Bitte gib mir einen Hunderter." usw.

Auch hier kann man das Kind zur Wiederholung auffordern: „Bitte lege einen Tausender in das Bücherregal." Und: „Lege einen Hunderter neben die Blumenvase." Danach bittet man das Kind dann, den Einer, Zehner, Hunderter und Tausender wieder zu holen.

Im dritten Schritt hebt man in beliebiger Reihenfolge die Perlen hoch und fragt: „Was ist das?"

Übungsmöglichkeit: 1. Man bittet das Kind seine Augen zu schließen und seine Handflächen zu öffnen, damit wir dort etwas hineinlegen können. Wenn es die Augen geschlossen hat, legen wir ihm in eine Handfläche eine Einerperle und in die andere Hand einen Tausender-Würfel. Das Kind wird fühlen, dass der Tausender schwerer und größer als der Einer ist.

2. Wir bitten das Kind, uns auf dem leeren Tablett nicht nur einen Hunderter oder einen Tausender zu holen, sondern mehrere von einer Einheit: „Bitte hole mir vier Zehner." Das Kind nimmt sie von den Tabletts mit den Zehnern, bringt sie und wir zählen die Anzahl nach. Dann bringt das Kind die Zehner zurück auf das entsprechende Tablett und wir ermuntern es: „Bitte hole mir 5 Einer." Auch hier zählen wir nach, das Kind bringt die Einer in die Schale zurück und wir bitten es auch Tausender und Hunderter auf diese Art zu holen. So übt das Kind die Namen gut ein.

Ziele: Das Kind lernt die Zahlennamen und die dazugehörige Menge.

▓ Zahlenkarten

Alter: Wenn das Kind das goldene Perlenmaterial und die Zahlennamen kennen gelernt hat.

Material: Ein Holzkasten mit einem Satz Zahlenkarten aus Kunststoff: grüne Ziffern von 1 bis 9, blaue Ziffern von 10 bis 90 (nur Zehner), rote Ziffern von 100 bis 900 (nur Hunderter), grüne Ziffern von 1000 bis 9000 (nur Tausender). (Die Farben Grün für Einer, Blau für Zehner, Rot für Hunderter und wieder Grün für Tausender wird das Kind bei späteren Übungen wiederfinden und kann so die verschiedenen Zahlenkategorien gut unterscheiden.) Arbeitsteppich.

Einführung: Wieder zeigen und benennen wir in Form der Drei-Stufen-Lektion die einzelnen Ziffern. Zu Beginn legen wir alle Zahlenkarten sortiert auf einem Arbeitsteppich aus: rechts die Karten von 1 bis 9 untereinander (die Eins oben), links daneben die Karten von 1 bis 90 untereinander, wieder links daneben die Karten von 100 bis 900 und ganz links die Karten von 1000 bis 9000. Später wird das Kind sie auslegen helfen.

Im ersten Schritt zeigen wir dem Kind die Zahlenkarten mit den grünen Ziffern von 1 bis 9, die das Kind ja schon kennt. Wir holen sie vom Arbeitsteppich auf den Tisch oder einen zweiten leeren Teppich und lassen die Zahlenkarten einmal vom Kind lesen. Dann legen wir die Einer-Karten zurück und holen uns die Zehnerkarten. Man zeigt dem Kind die Karte mit dem blauen Zehner und fragt, wie viel Nullen es hier sieht und benennt die Ziffer: „Das ist Zehn." Ebenso zeigt man die restlichen Zehner von 20 bis 90 und benennt auch diese. Manche Kinder können die Zehner schnell zählen, anderen Kindern muss man die Zehner schrittweise benennen: „Das ist zwanzig." „Das ist dreißig" usw. Im weiteren Verlauf (je nach Aufmerksamkeit des Kindes kann dies auch zu einem späteren Zeitpunkt fortgesetzt werden) zeigt man dem Kind dann auf die gleiche Art die Karten mit der roten Hundert (Zweihundert, Dreihundert usw.) und seinen zwei Nullen und die Karte mit dem Eintausender (Zweitausend, Dreitausend usw.) und den drei Nullen. Zu jeder Karte sagen wir dem Kind den Zahlennamen.

In der zweiten Stufe bittet man das Kind: „Bitte gib mir Zweitausend." Wenn das Kind die Zahlenkarte aufnimmt, soll es jeweils die Nullen zählen. Dann wird die Karte zurückgelegt und man wünscht sich vom Kind eine neue Zahl: „Bitte gib mir Fünfhundert."

Als dritten Schritt nimmt die Erzieherin eine Zahlenkarte auf und fragt: „Was ist das?" So geht man die Karten allmählich durch und sieht, ob das Kind die Ziffern behalten hat.

Ziele: Hier lernt das Kind die Ziffern für das Dezimalsystem kennen.

Neunerspiel und Zahlenkarten

Alter: Wenn das Kind in das goldene Perlenmaterial und die Ziffern eingeführt worden ist und Interesse hat, mehr kennen zu lernen. Zwischen 5 und 6 Jahren. (Auch in der Gruppe möglich)

Material: Eine Holzkiste mit 9 goldenen Einerperlen, 9 Zehnerstäbchen, 9 Hunderter-Quadraten, ein Tausender-Würfel und der vollständige Satz Zahlenkarten. Ein leeres Tablett. (Man braucht viel Platz, um die Materialien auf Arbeitsteppichen auszulegen.)

Einführung: Wieder legen wir zu Beginn die Zahlenkarten auf einem Teppich aus (rechts die Einer untereinander, links daneben die Zehner usw.). Auf einem anderen Teppich legen wir in gleicher Anordnung die goldenen Perlen aus: rechts liegen die Goldperlen, links davon die 9 Zehnerstäbchen untereinander, wieder links daneben die 9 Hunderter-Quadrate und ganz links der Tausender-Würfel.

Die Erzieherin gibt dem Kind das leere Tablett, legt eine Zahlenkarte auf das Tablett (z. B. 200) und bittet das Kind die Anzahl Perlen zu holen. Das Kind liest laut die Zahl und holt die entsprechende Anzahl (zwei Hunderter-Quadrate). Wenn es richtig war, räumt es die Perlen und die Zahlenkarte zurück an ihren Platz und man legt dem Kind eine andere Zahlenkarte auf das leere Tablett. Das Kind übt so erst einmal die einzelnen Kategorien: es holt nur Einerperlen, oder nur Zehnerstäbchen, oder nur Hunderter-Quadrate oder nur Tausend. Zunehmend kennt nun das Kind die verschiedenen Kategorien. Dann kann man ihm zwei Zahlenkarten (der Einer- und Zehnerkategorie) gleichzeitig auf sein Tablett legen, beispielsweise die Ziffer 4 und die Ziffer 60. Das Kind holt nun 4 Einerperlen und 6 Zehnerstäbchen. Die Erzieherin liest laut die Ziffer der Karte und zählt die Perlen, die bei der entsprechenden Ziffer liegen. Jetzt legt sie die Einerkarte (4) so auf die Zehnerkarte (60), dass man 64 lesen kann und liest diese Zahl laut. Beim Sprechen zeigt sie auf die jeweilige Zahl: Vier und Sechzig. Die Perlen und Karten werden zurückgeräumt und es können sich weitere Übungen mit einer Ziffer anschließen, bis man dem Kind drei Zahlenkarten auf das Tablett legt, z. B. die Ziffer 3, die Ziffer 20, die Ziffer 800. Das Kind holt wieder die entsprechenden Perlen zu den einzelnen Zahlenkarten und man liest die Zahlenkarten, zählt die Perlen nach und legt dann die Zahlenkarten aufeinander (die 800 unten, darauf die 20 und darauf die 3). Es entsteht 823. Während man langsam die Zahl sagt (Acht – Hundert – Drei – und – Zwanzig), zeigt man auf die entsprechende Ziffer.

Auf diese Weise lernt das Kind nach einiger Zeit auch große Zahlen lesen, z. B. 1249 (Eintausend – Zweihundert – Neun – und – Vierzig).

Ziele: Solche Arbeiten sind wirklich große und interessante Tätigkeiten für Vorschulkinder, durch die sie große Zahlen kennen lernen, in das Dezimalsystem eingeführt werden und wo sie darauf vorbereitet werden, die Grundrechenarten zu verstehen (indem beispielsweise als nächstes zwei Kinder jeweils eine Anzahl Perlen – durch Zahlenkarten angegeben – holen und diese vielen Perlen zusammenlegen, also addieren (1402 und 5173). Und natürlich stärken solche Übungen das kindliche Selbstwertgefühl enorm, wenn es sich den großen Zahlenraum erschließt und rechnen lernt.

Es gibt viele weitere Mathematikmaterialien. Montessori selbst hat viele davon ebenfalls für Kinder zwischen 5 und 6 Jahren konzipiert. Bis heute werden sie allerdings meistens in der Grundschule angewandt. Doch würden wir kleinen Kindern, wie hier methodisch vorgeschlagen, schon früher systematisch mathematische und sprachliche Grunderfahrungen ermöglichen, so können sie vielleicht auch früher Rechenoperationen durchführen. Es geht hier keinesfalls darum, dass kleine Kinder nun mehr auf Leistung getrimmt werden, vielmehr geht es darum, ob kleine Kinder nicht mit kindgerechten (ganzheitlichen) Lernangeboten weitaus mehr lernen könnten und auch wollen, als es bisher der Fall ist. Welche weiterführenden Materialien also schon im Kindergarten angeboten werden sollten, wird das Interesse der einzelnen Kinder zeigen.

Neben den Sinnesmaterialien, den Sprach- und Mathematikmaterialien gibt es noch weitere Montessori-Materialien aus dem Bereich der Biologie, der Geologie, zur Uhr (die im Grundschullehrplan unter Heimat- und Sachkundeunterricht zusammengefasst sind), der kosmischen Erziehung und der Musik, sowie einige Anregungen zum Zeichnen. Auch hierzu möchte ich einige Grundgedanken und Materialbeispiele vorstellen.

5.3.6 Die kosmische Erziehung

Die so genannte Kosmische Erziehung[4] ist innerhalb der Montessori Pädagogik eine zentrale Idee. Die Idee der Kosmischen Erziehung ist längst nicht so bekannt wie die Montessori-Materialien, und dennoch ist es ein Schwerpunkt dieser Pädagogik. Nicht zuletzt verbirgt sich hier Montessoris Weltbild, das die Basis ihres pädagogischen Konzepts bildet.

Im Kapitel 2.6 habe ich die Grundidee der kosmischen Erziehung schon einmal kurz angerissen. Hier möchte ich die pädagogisch-didaktische Bedeutung der kosmischen Erziehung noch etwas näher vorstellen.

Die kosmische Erziehung basiert auf zwei wichtigen Grundgedanken. Zum einen glaubt Montessori an einen einheitlichen Schöpfungsplan und zum anderen meint sie, dass der Mensch Einfluss auf diesen Schöpfungsplan nimmt, dass er hier Verantwortung trägt. Die Menschen leben somit in lebendigen Beziehungsstrukturen innerhalb der Vielfalt des Kosmos. Der Kosmos wiederum umfasst Lebendiges und nicht Lebendiges. Alles dies steht in Wechselbeziehung zueinander und entwickelt sich gemeinsam. Die Menschen haben hierbei einen kosmischen „Auftrag": Das Lebendige zu erhalten, zu bewahren und zu erweitern. Alle Dinge sind „Teil des Universums und miteinander verbunden, um eine große Einheit zu bilden." (Montessori 1988) Deshalb übernehmen alle Montessori-Materialien und Übungen die Aufgabe, Kindern eine Vorstellung vom Zusammenspiel zwischen Natur und Mensch zu vermitteln und durch kleine Beispiele das Universum darzustellen. Solche Beispiele sind aus der Astronomie, Geologie, Geographie, Chemie, Physik, Biologie, Geschichte und Soziologie. Sie vermitteln mit Experimentierkästen und konkreten Materialien ein Grundwissen, eine Vorstellung des ganzen Universums.

Maria Montessori geht so weit, dass sie sagt, das Universum sei eine Antwort auf alle Fragen und eine eindrucksvolle Wirklichkeit. Die Erkenntnis über die Strukturen der Welt ermöglichen dem Menschen, darin

---

[4] Maria Montessori hielt erstmals in London 1935 einen Vortrag darüber und während sie und ihr Sohn Mario im zweiten Weltkrieg viele Jahre in Indien interniert waren, konkretisierte sie mit ihrem Sohn die Idee der Kosmischen Erziehung.

seine Stellung und seine Aufgabe zu finden. Und diese Aufgabe besteht auch darin, den Wert und die Würde der Lebenskreisläufe anzuerkennen und das Geben und Nehmen zwischen Erde und Menschen zu sehen. So kann Respekt und Mitverantwortung für die Umwelt wachsen.

Für Montessori gilt: Dass die Entwicklung der kindlichen Innenwelt in engem Bezug zur Entwicklung der Erde, der Kultur und der Gesellschaft steht.

Der Ansatz der kosmischen Erziehung entspricht in vielen Teilen dem modernen Verständnis von der menschlichen Entwicklung, der hier als ein Prozess innerhalb „ökosystemischer" Bedingungen verstanden wird.

Ebenfalls gibt es Gemeinsamkeiten zwischen der modernen Öko-Pädagogik und der kosmischen Erziehung. Beide stellen Verknüpfungen zwischen Mensch und Umwelt her. Das Ziel dabei ist, ein Gleichgewicht zu finden und die Störungen, die die Menschen in der Natur hervorgerufen haben, zu beheben. Die kosmische Erziehung ist eine Chance für den Umweltschutz und darüber hinaus auch zur Sicherung des Friedens.

Kinder wollen alles mögliche wissen, können sich vieles vorstellen und stellen Fragen, auch nach dem Sinn, nach den Ursachen und Zusammenhängen der Dinge und hierauf antwortet die kosmische Erziehung. Bereits Kinder zeigen ein großes Interesse für die Ursache und Wirkung der Dinge, für die Geschichte der Erde und für die Natur, für moralische Fragen nach „Gut" und „Böse" und so weiter. Die kosmische Erziehung will den Kindern bei diesen Fragen keine Einzelheiten lehren, sondern ihnen das Ganze, d. h. eine umfassende Vorstellung (von der Erde, vom Kosmos) anbieten. Indem ein Kind einen Eindruck vom Ganzen bekommt, geht es über zur Erforschung der Details.

„Am Anfang wollen wir ihm die ganze Welt geben." (Montessori 1988, S. 121)

Wie soll das gehen, ohne ein junges Kind mit abstrakten Vorstellungen über die Erde und den Kosmos zu überfordern? Zum einen heißt das, mit Kindern viel in die „Welt" hinauszugehen, Ausflüge zu machen und das wirkliche Leben kennen zu lernen. Wie arbeiten die Menschen und wo? Wie und wo fließt Wasser? Wo wachsen Bäume? Montessori wollte, dass das Kind das Leben insgesamt erlebt und versteht und sie wusste, dass man das nicht in die Kindergärten und Schulen hineinholen kann:

„Keine Beschreibung, kein Bild, kein Buch kann das wirkliche Sehen der Bäume mit dem ganzen Leben, das sich um sie herum im ganzen Wald abspielt, ersetzen. Die Bäume strömen etwas aus, was zur Seele spricht, etwas, was kein Buch und kein Museum vermitteln können. Der Wald, den man sieht, offenbart, dass es darin nicht nur die Bäume gibt, sondern eine Gesamtheit von Lebewesen. Und diese Erde, dieses Klima, diese kosmische Macht sind für alle Lebewesen notwendig." (Montessori 1988, S. 114)

Und zum anderen verdeutlichen Modelle komplexe Sachverhalte: Ein *Erdglobus* zeigt den Kindern mit 5 Jahren bereits die gesamte Erde: Die Erdteile sind aus Sandpapier dargestellt und man sieht, dass der größte Teil (71 %) der Erdoberfläche mit Wasser bedeckt ist. Diese Darstellung kann dazu einladen, sich mehr mit Wasser zu beschäftigen. Immerhin

besteht auch der menschliche Körper zu etwa 70 % aus Wasser (bei Kindern mehr und bei Älteren Menschen weniger) und Wasser ist lebenswichtig, Wasser hat ganz besondere Eigenschaften (es kann gefrieren, es verbindet sich mit manchen Stoffen, mit anderen nicht usw.).

Hier ein Beispiel, sich mit einem Detail des Wassers, dem Wassertropfen zu beschäftigen.

Wassertropfen hören
(Vergleiche mit Übung der Stille.)
Alter: ab etwa 4 Jahren
Material: Eine Schüssel ist mit Wasser gefüllt. Und es stehen verschiedene Materialien bereit, zum Teil in kleinen Kisten: Sand, Gartenerde, Lehm, Waldboden, Glas, großer Stein, Metall usw.
Einführung: Das Kind befühlt alle Gegenstände und das Wasser. Dann verbinden wir ihm seine Augen und lassen einen Wassertropfen auf ein Material tropfen. Das Kind hört den Klang, der dabei entsteht und rät, auf welches Material der Tropfen gefallen ist. So geht man alle Materialien durch.
Übungsmöglichkeiten: Später können sich andere Experimente anschließen: Was passiert zum Beispiel, wenn wir die Gegenstände ins Wasser fallen lassen? Und was löst sich im Wasser auf und was nicht? Was ist wasserdurchlässig und was nicht?

Die Erdkugel zeigt nicht nur Wasser, sondern auch Erde und die kann sich im Detail sehr unterscheiden. Auch hierzu eine kleine Übung für Kinder:

Barfuß-Station
Alter: ab etwa 5,5 Jahren
Material: Es sind vier stabile, flache Schachteln mit verschiedenen Naturmaterialien gefüllt: eine Schachtel mit Waldboden (Erde, Nadeln, Holzstückchen), eine mit Sand und Steinchen (aus dem Flussbett), eine mit Moos und eine mit Rindenstückchen.
Einführung: Wir bitten das Kind, seine Schuhe und Strümpfe auszuziehen. Dann verbinden wir ihm mit einem Tuch die Augen und führen es behutsam, so dass es mit seinen nackten Füßen den Inhalt der einzelnen Schachteln ertasten kann. Diese Übung kann wiederholt werden, indem

die Reihenfolge der Schachteln verändert wird. Später kann man die einzelnen Schachtelinhalte benennen.

▨ Jahreskette

Ein weiteres schönes Beispiel aus dem Bereich der kosmischen Erziehung ist die Jahreskette (bzw. Jahreskreis).

Alter: ab etwa 5,5 Jahren

Material: An einer langen Schnur sind für jede Jahreszeit 12 Holzkugeln (etwa 5 cm Durchmesser) aufgereiht, die jeweils die drei Monate (à 4 Wochen) unserer vier Jahreszeiten symbolisieren: 12 grüne Kugeln für das Frühjahr, 12 gelbe Kugeln für den Sommer, 12 rote Kugeln für den Herbst und 12 blaue Kugeln für den Winter. Diese Kette lässt sich als Kreis auslegen, in dessen Mitte ein rundes Tuch liegt, das aus vier farbigen Vierteln zusammengenäht ist: Auch hier ist ein Viertel grün für das Frühjahr, das zweite Viertel gelb, das dritte Viertel rot und das vierte blau. Ergänzend kann man auf jedes Viertel noch ein farbiges Foto zur Jahreszeit auslegen: z. B. immer den gleichen Apfelbaum, der im Frühjahr zu sprießen beginnt, im Sommer blüht, im Herbst (rote) Früchte trägt und im Winter mit Schnee bedeckt ist. Diese Materialien können in einer größeren schönen Schachtel aufbewahrt werden, auf deren Deckel ein Foto von dem Inhalt ist, damit die Kinder beim Aufräumen wissen, was in die Kiste hineingehört.

Einführung: Nachdem man den Kindern gezeigt hat, wie die Kette, die Tücher und die Fotos ausgelegt werden, kann ein Kind (oder mehrere gemeinsam) die Jahreskette selbstständig auslegen.

Übungsmöglichkeiten: Mit dem Jahreskreis lässt sich sehr schön Geburtstag feiern: Man legt den Jahreskreis aus, um den herum alle Kinder sitzen, ohne dabei den Kreis zu berühren. Das Geburtstagskind bekommt den Globus (Montessori-Material: ein Globus, der auf einem Fußteil drehbar ist) in seine Hände und geht damit so oft um den ausgelegten Jahreskreis herum, wie es alt ist. Ein Kind, das vier Jahre alt ist, geht also vier Mal um den Kreis und dreht dabei gleichzeitig langsam den Globus. Alle können so in verkürzter Form sehen, dass das Kind schon vier Jahre auf der Erde ist, die sich in diesen vier Jahren stets weitergedreht hat. Wenn das Kind im Sommer Geburtstag hat, startet es bei den gelben

Kugeln, und jedes Mal, wenn es einmal um den Kreis herumgegangen ist und wieder bei den gelben Kugeln ankommt, lässt man eine Glocke erklingen und sagt: „Ein Jahr ist vergangen und Larissa (Name des Kindes) ist ein Jahr alt." So schreitet das Geburtstagskind langsam vier Mal um den Kreis und endet bei seinem vierten Geburtstag. Die Aktion kann von einer ruhigen, fröhlichen Musik begleitet werden.

5.3.7 Angebote kultureller Aktivitäten

Über die oben vorgestellten Materialien hinaus gibt es noch weitere Übungen, denn die bisher genannten Materialbereiche decken ja noch nicht alle Bildungsbereiche ab, die bereits im Kindergarten sinnvoll sind: So gibt es weitere Materialangebote für den Bereich der Biologie (z. B. biologische Kommode) und Geografie (Geografische Kommode), für den Umgang mit der Uhr, die „römische Brücke" zum Nachbauen (siehe Materialangebote der Firma Nienhuis[5]) und Angebote für Musik und Zeichnen. Letztere fasse ich unter „Angebote kultureller Aktivitäten" zusammen und auch hierzu möchte ich ein paar Beispiele aus der Montessori-Methode vorstellen.

Um in unserer Gesellschaft zurecht zu kommen, wollen Kinder alle unsere Kulturtechniken kennen lernen. Zu unseren Kulturtechniken gehören das Essen mit Messer und Gabel, unsere Begrüßungsformen und viele andere Verhaltensweisen, die wir in den „Übungen des täglichen Lebens" wiederfinden, unsere Sprache, die Mathematik, Sport und ferner natürlich auch die Musik und das Malen, Zeichnen, Basteln und Werken.

Bildung im Kindergartenalter sollte Kindern zu allen diesen Bereichen Angebote machen und darin entsprechende Basiskompetenzen fördern. Auch für die musikalische Erziehung und das Zeichnen bietet die Montessori-Methode einige Anregungen:

Ein sehr anspruchvolles Material ist hier z. B. das *Montessori-Glocken-Material*, mit denen Kindergartenkinder im ersten Schritt (im Stil der Sinnensmaterialien) die Klänge der Glocken vergleichen und Paare bilden

---

[5] Trotz weiterer Anbieter beziehe ich mich hier auf die Firma Nienhuis, da sie die Firma für Montessori-Materialien ist, die ihre Produktion in den dreißiger Jahren nach den Instruktionen von Maria und Mario Montessori begann.

(ausführlich in Montessori 2003, S. 235ff.). Nach dieser Paarbildung übt das Kind dann die Abstufung der Klänge (wie z. B. bei den Farbschattierungstäfelchen). Dazu stellt das Kind die 8 Glocken mit den ganzen Tönen auf einen Tisch, sie werden gemischt und das Kind bringt sie zum Erklingen. Es versucht so die Glocken entsprechend der Oktave aneinander zu reihen. Darüber kann es die Noten der Tonleiter erlernen, sie auf Notenkarten lesen lernen und später auch selber schreiben üben. Im weiteren Schritt lernt das Kind durch das Hören der Glockenklänge auch die Halbtöne und ihre Noten kennen. Bis die Kindergartenkinder die Tonleiter so gut hören, dass sie selber sie auch in der richtigen Reihenfolge sortieren können, braucht es manchmal bis zu 100 Versuche, bei denen das Kind immer wieder die Glocken-Tonleiter anschlägt und einfach deren Klang genießt.

Durch die Übungen mit dem Glocken-Material können Kinder auch zunehmend andere Klänge in ihrer Umgebung interpretieren und selber „produzieren", etwa am Xylophon, am Klavier, auf der Blockflöte usw. Vielleicht „komponiert" es irgendwann eigene Tonfolgen.

Über diese Tonübungen hinaus beschreibt Montessori auch Rhythmikübungen (vgl. Montessori 2003, S. 251ff.). Dabei stellen die Gehübungen auf der Linie (vgl. Kap. 5.3.2) erste wichtige Vorübungen für solche Rhythmikübungen dar. Bereits Dreijährige reagieren auf eine Melodie und ihren Rhythmus, manche gehen im Takt und manche bewegen ihren ganzen Körper danach. Auch auf laut und leise (pianissimo und mezzo forte) reagieren kleine Kinder. Der Marsch z. B. lässt sich sehr schön musikalisch interpretieren und ausdrücken. Musik soll hier also in erster Linie erlebt und ausgedrückt werden, auch über den Gesang.

Das *Zeichnen und Malen* sind nicht nur wichtige Kulturtechniken, sondern die meisten Kinder tun das auch sehr gerne (praktische Tipps und Anregungen bietet die Methode von Stern 1993). Einige kreative Möglichkeiten finden sich auch in der Montessori-Methode, wie etwa mit den Metallenen Einsätzen, mit denen Kinder tolle Bilder zeichnen können. Einige weitere Beispiele bietet Montessori selbst auch zum freien Zeichnen nach der Natur. Dabei sind das keine direkten Unterrichtsformen im Zeichnen, sondern immer indirekte Vorbereitungen, damit das Kind selbst seine Ausdrucksformen, gemäß seiner Gefühle, findet. Kinder sind bereits aufmerksame Beobachter und malen und zeichnen gerne alle die Formen und Farben nach, die sie in ihrer Umgebung entdecken. Die Darbietung von Pflanzen, dazu Papier und Stifte, lädt Kinder zum Zeichnen ein.

„Man muss einem Kind ein Auge geben, damit es sehen kann, eine Hand, die gehorcht, eine Seele, die meditiert, um ihm das Zeichnen nahe zu bringen." (Montessori 2003, S. 227)

Auch wenn die Montessori-Materialien vermutlich nicht allen heutigen Bildungsanforderungen und -Ansprüchen gerecht werden, so ermöglichen sie doch Vorschulkindern viele Erfahrungen und wichtige Basiskompetenzen zu erwerben, die ihre gesamte Entwicklung fördern. Die Grundprinzipien der Montessori-Methode lassen sich sicher auch auf weitere sinnvolle Lernangebote im Elementarbereich übertragen.

Und es gibt bereits weitere viele praktische Ideen für den Kindergarten, die Kindern ebenfalls sinnliche, ganzheitliche Erfahrungen ermöglichen und somit die gesamte Persönlichkeit des Kindes fördern: Sei es durch kindgerechte, schöne Bewegungslieder für Vorschulkinder (vgl. Franz-Lammers 1992), interessante Lernwerkstätten (vgl. van Dieken 2004), Theater- und Rollenspiele und Ähnlichem.

Wir haben nun auf vielen Buchseiten Anregungen über die kindgerechte, lernanregende Umgebung gehört und es stellt sich nun noch die Frage, welche Rolle hier der Erzieherin zukommt.

6 Die Erzieherin als Entwicklungs- begleiterin

Erzieherin zu sein, ist eine sehr anspruchsvolle Aufgabe. Eine Gruppe von Vorschulkindern in ihrer rasantesten Entwicklungszeit zu begleiten und ihnen dabei optimale Hilfen anzubieten, erfordert viel. Allerdings ist es auch eine große Chance für uns Erwachsene, persönlich dabei mit zu wachsen.

Für Maria Montessori steht das Kind im Mittelpunkt der Erziehung und Bildung. Und so kommt den Erzieher(inne)n (auch Eltern und Lehrer(inne)n) in der Montessori-Pädagogik eine wesentlich passivere und „bescheidenere" Rolle in der Erziehung zu, als wir es gewöhnt sind – sie sind hier nur „ein Teil" der kindlichen Umgebung. Das allerdings bedeutet nicht Respektverlust gegenüber den Kindern und dass Kinder tun und lassen dürfen, was ihnen gefällt. Im Gegenteil: wir Erziehenden haben die verantwortungsvolle Aufgabe, den Kindern eine geordnete, kindgerechte Umgebung vorzubereiten, in der sie optimal wachsen und sich entfalten können, in der sie aktiv sein können und wir passiv. Um das erfüllen zu können, müssen sich Erwachsene gut vorbereiten.

> „Die Vorbereitung der Umgebung und die Vorbereitung des Lehrers sind das praktische Fundament unserer Erziehung. Immer muss die Haltung des Lehrers die der Liebe bleiben. Dem Kind gehört der erste Platz, der Lehrer folgt ihm und unterstützt es. Er muss auf seine eigene Aktivität zugunsten des Kindes verzichten. Er muss passiv werden, damit das Kind aktiv sein kann." (Montessori 1997, S. 40)

Bisher erziehen wir allerdings meistens mit dem Gefühl, die „Stärkere", die „Überlegenere" zu sein und wir glauben, wir müssten Kinder zu Besserem bekehren, sie zu Besserem missionieren. Aber eigentlich ist die Erzieherin genauso eine Lernende, wie das Kind. Sie muss täglich neu dazulernen, wenn sie sich auf jedes einzelne Kind in der Gruppe einlassen will (vgl. Becker-Textor 2000, S. 47).

6.1 Das Rollenverständnis und die Aufgaben einer Montessori-Erzieherin

Lassen Sie mich das „Anforderungsprofil" einer Montessori-Erzieherin folgendermaßen zusammenfassen:

Die Erzieher/innen sollen sich auf die Erziehung und Bildung gut vorbereiten. Zum einen brauchen sie gute Kenntnisse über die Materialien und Lernangebote, wie auch über Entwicklungsbedingungen und Lernbedürfnisse der Kinder. Solche Informationen erhält man über Fortbildungen und Fachbücher (z. B. auch über neueste Forschungsergebnisse der Entwicklungspsychologie, der Lernforschung, der Gehirnforschung usw.) und selbstverständlich auch über den Austausch mit fachkundigen Kolleg(inn)en.

Zum anderen spricht Montessori auch die innere Vorbereitung der Erzieher/innen bzw. Lehrer/innen an. Um Kinder erziehen und bilden zu können, sollte man eigene negative Haltungen und Gefühle überwinden, zumindest lernen, mit ihnen angemessen umzugehen. Vor allem Hochmut und Zorn verblenden unseren Blick gegenüber den Kindern und führen oft zu Fehlreaktionen. Erst wenn wir ohne negative Vorurteile und unvoreingenommen die wahren Bedürfnisse eines Kindes erkennen, dann können wir ihm auch helfen und es unterstützend begleiten.

Zu dieser positiven Grundhaltung gegenüber dem Kind kommen wir jedoch erst, wenn wir in die natürlichen Entwicklungskräfte, in den Lernwillen der Kinder vertrauen. Und so können wir auch erst eine gute Beziehung zum Kind aufbauen.

Wer mit Kindern zu tun hat, muss bereit sein, sich und sein Handeln zu reflektieren, denn jedes Kind ist anders, fordert anderes. Deshalb ist Dogmatismus und „festgefahren sein" in der Erziehung und Bildung fehl am Platz: Erziehung ist ein wechselseitiger, sich gegenseitig beeinflussender dialogischer Prozess.

Jedes Kind verdient unseren Respekt, auch wenn es anders ist. Dafür müssen wir üben, toleranter gegenüber den Eigenheiten der Kinder zu werden, Lernumwege zu akzeptieren und Entwicklungsverzögerungen auszuhalten.

Als Montessori-Erzieher/in nimmt man eine Rolle als „Diener/in des kindlichen Geistes" ein, man lenkt nicht und greift nicht unnötig in die

Aktivitäten eines Kindes ein. Man wartet, bis das Kind fragt: „Kannst du mir helfen?" oder „Zeigst du mir, wie das geht?" Das heißt, warten können, sich zurücknehmen können und passiver werden – wir müssen gar nicht so viel in der Erziehung tun, vielmehr sollten wir das „Richtige" zur rechten Zeit tun.

Um den Bedürfnissen des Kindes gerecht werden zu können, muss eine Erzieherin die einzelnen Kinder einfühlsam und doch sehr genau beobachten können und ihre Beobachtungen dokumentieren.

Die Angebote der Erzieherin für ein Kind sollten das Kind da abholen, wo es gerade steht. Doch eigentlich regt nicht die Erzieherin ein Kind zum Lernen an, sondern die vorbereitete Umgebung. Die Erzieher/innen bereiten die kindliche Umgebung vor, sie achten auf Übersichtlichkeit, interessante und kindgerechte Lernangebote usw. Erzieher/innen sind ein „Teil" der kindlichen Umgebung.

Wer in einer Gruppe mit Kindern (und Menschen insgesamt) arbeitet, muss Konflikte erkennen können und bereit sein, diese gemeinsam mit den Kindern zu lösen.

Ferner sollte eine Montessori-Erzieherin freundlich und deutlich mit den Kindern sprechen.

Sie sollte nicht belohnen und bestrafen, sondern an die positiven Kräfte der Kinder anknüpfen, heute sagen wir dazu „positiv bestärken". Ebenso sollte sie souverän und sicher auftreten.

Um das einzelne Kind zu verstehen, muss eine Montessori-Erzieherin auch den Austausch und gute Zusammenarbeit mit den Eltern suchen.

Und insgesamt braucht eine Erzieherin (wie auch alle, die mit Kindern leben) eine „große Portion" Geduld, Gelassenheit und Humor.

7 Offene Fragen und Grenzen der Montessori-Pädagogik

Auch wenn ich Ihnen die Montessori-Pädagogik mit meiner persönlichen Begeisterung beschrieben habe, so sind mir doch auch die Grenzen dieser Methode bewusst. Die bisherigen Beschreibungen sind Idealbeschreibungen und wir alle wissen, dass der pädagogische Alltag oft anders aussieht, als man ihn sich in einem Buch ausmalt.

So bleibt z. B. auch bei der Montessori-Pädagogik die Gefahr, dass man die Kinder zu „Montessori-Kindern" stilisiert. Letztlich verführt jedes pädagogische Konzept dazu, die Kinder den Konzepten anzupassen und nicht umgekehrt. Deshalb ist es letztlich nicht unproblematisch, überhaupt nach einem Bildungskonzept zu suchen, wenn man die individuellen Lernprozesse bei Kindern anregen und ihnen die Freiheit lassen will, die sie brauchen. Ein Konzept konstruiert etwas, was die Kinder zu befolgen haben, und so kann es passieren, dass man die Kinder hierfür „funktionalisiert". Denn die Kinder sollen ja möglichst diesem Konzept folgen. Doch passen Kinder und die Vielfalt ihrer Entwicklungswege wirklich in ein vorgefertigtes Konzept? Gerade wenn Kinder „Ko-Konstrukteure" sind, kann man ihnen zwar für ihre Entwicklung einen Rahmen anbieten, doch der darf nicht starr sein, sondern muss veränderbar bleiben. Auch innerhalb der Montessori-Methode sollte also diese Flexibilität gewährleistet sein: Nicht jedes Kind entwickelt sich gleichermaßen kontinuierlich an den Montessori-Materialien: Kinder sind anders, sie sind keine „Montessori-Kinder", wie sie auch keine „Waldorfkinder" oder Ähnliches sind.

Indem Montessori in ihrem pädagogischen Konzept immer wieder von der „Normalisierung" der Kinder durch ihre selbstständige Arbeit und der Interaktion mit der vorbereiteten Umgebung spricht, entsteht hier leicht die Vorstellung von dem „braven" Kind, das sich konzentriert und ruhig mit Dingen beschäftigt. Mir stellt sich dabei die Frage, ob denn Kinder, die laut, wild und leidenschaftlich sind, normalisiert werden müssten oder ob sie nicht auch „normal" sind, da ihr innerer Bauplan die Leidenschaft vorsieht? Insgesamt sollten wir vorsichtig sein, und nicht bestrebt sein, Kinder in ihren vielfältigen Eigenheiten vereinheitlichen zu wollen. Was akzeptieren wir Erwachsenen als „normalen" kindlichen Entwicklungsplan und was nicht mehr?

Auch die Erwartung, Kinder würden immer gerne mit diesen Materialien freudvoll arbeiten und lernen, wird im Alltag sicher nicht immer erfüllt. Da braucht es manchmal einige Geduld, bis sich einzelne Kinder an das freie Arbeiten gewöhnen.

Eine weitere Gefahr verbirgt sich in der Montessori-Methode: Das Prinzip „Freiheit" wird hier zwar sehr betont, doch manchmal wird die korrekte Arbeit mit den Materialien so ernst genommen, dass dadurch die Freiheit der Kinder zu sehr eingeschränkt wird. Kinder sollen die Materialien nicht entfremden und sie nach klaren Prinzipien benutzen. Sicher ist die dadurch vermittelte Ordnung für Kinder sinnvoll, doch wo bleibt hier Platz für die Fantasie und Kreativität? Neben den strukturierten Materialien sollten Kinder genügend Möglichkeiten für freies Spiel, Rollenspiele, kreatives Basteln, Malen, Bauen usw. haben: Gerade 5–6-Jährige zweckentfremden sehr gerne Dinge und können alles für ihre fantasievollen Spiele gebrauchen.

Montessori kannte die heutigen Modelle der menschlichen Kommunikation noch nicht und hat auch nichts zur Förderung der nonverbalen Kommunikation (z. B. die Gefühle des anderen richtig deuten lernen, indem man seine Mimik, Gestik und Tonfall deuten lernt) gesagt. Ihr Anliegen beschränkte sich damals auf einige Beispiele für anregende Gespräche und einen freundlichen Umgangston mit den Kindern. Eine gute pädagogische Methode sollte allerdings eine gute Kommunikation beinhalten: Die Montessori-Methode lässt sich heute mit dem Modell der „Ich-Botschaften" von Thomas Gordon (1989) oder der Kommunikationsbeispiele von Friedemann Schulz von Thun (2001) sehr gut erweitern.

Ich hoffe, ich konnte trotz einiger Grenzen bzw. offener Fragen innerhalb der Montessori-Pädagogik die vielen praxisrelevanten Beiträge deutlich herausstellen. Mögen Sie bei der heutigen Suche nach einer kindgerechten Erziehung und Bildung der Vorschulkinder eine sinnvolle Hilfe sein.

Literatur

Aden-Grossmann, Wilma (2002): Kindergarten – Eine Einführung in seine Entwicklung und Pädagogik. Beltz, Weinheim und Basel.

Becker-Textor, Ingeborg (Hrsg.) (2000): Maria Montessori: Kinder, Sonne, Mond und Sterne. Kosmische Erziehung. Herder, Freiburg.

Bittner, Günther: Was heißt kindgemäß? In: Das Kind (Hg. von der Deutschen Montessori-Gesellschaft) 2. Halbjahr 1991, Heft 10, S. 17ff.

Der Bayrische Bildungs- und Entwicklungsplan für Kinder in Tageseinrichtungen bis zur Schule (2003). Hg. vom Bayrischen Staatsministerium für Arbeit und Sozialordnung & dem Staatsinstitut für Frühpädagogik. Beltz, Weinheim/Basel.

Braun, Anna-Katharina (2002): „Die Verblödung fängt mit der Geburt an." Interview der taz, 28.10.2002.

Dahlberg, Gunilla (2002): Kinder und Pädagogen als Co-Konstrukteure von Wissen und Kultur. Frühpädagogik in postmoderner Perspektive. In: Fthenakis, W./ Oberhuemer, P. (Hg.): Frühpädagogik international. Bildungsqualität im Blickpunkt. Leske und Budrich, Opladen.

van Dieken, Christel (2004): Lernwerkstätten und Forscherräume in Kita und Kindergarten. Herder, Freiburg.

Dornes, Martin (1996): Der kompetente Säugling. Fischer, Frankfurt a. M.

Faust-Siehl, Gabriele u. a. (1986): Mit Kindern Stille entdecken. Diesterweg, Frankfurt a. M.

Franz-Lammers, Heike (1992): Lieder und Bewegungsspiele im Kindergarten. (2 Bände und Musikkassetten). Herder, Freiburg.

Friedrich, Gerhard / Bordhin, Andrea: So geht's – Spaß mit Zahlen und Mathematik im Kindergarten. In: spot, ein Sonderheft von „Kindergarten heute – Zeitschrift für Erziehung". Freiburg Herder 2003, S. 4–29.

Fthenakis, Wassilios (Hg.) (2003): Elementarpädagogik nach PISA. Wie aus Kindertagesstätten Bildungseinrichtungen werden können. Herder, Freiburg.

Fthenakis, Wassilios E. / Textor, Martin u. a. (Hg.): Online-Familienhandbuch, „Der Bildungsauftrag in Kindertageseinrichtungen: ein umstrittenes Terrain?" www.familienhandbuch.de.

Fthenakis, Wassilios / Oberhuemer, Pamela (Hg.) (2004): Frühpädagogik international. Bildungsqualität im Blickpunkt. Verlag für Sozialwissenschaften, Wiesbaden.

Geo-Artikel: Lust und Last der Wunderkinder. Heft Nr.7/Juli 1996, S. 38ff.

Gordon, Thomas (1989): Familienkonferenz. Heyne, München.

Gisbert; Kristin (2004): Lernen lernen – Lernmethodische Kompetenzen von Kindern in Tageseinrichtungen fördern. Beltz, Weinheim und Basel.

Haug-Schnabel, Gabriele / Bensel, Joachim (2004): Vom Säugling zum Schulkind – Entwicklungspsychologische Grundlagen. In: Kindergarten heute, spezial: Herder, Freiburg.

Hedderich, Ingeborg (2001): Einführung in die Montessori-Pädagogik. Ernst Reinhardt Verlag, München.

Herschkowitz, Norbert (2002): Das vernetzte Gehirn: seine lebenslange Entwicklung (2. korr. Auflage). Verlag Hans Huber, Bern & Göttingen.

Holler, Johannes (1989): Das neue Gehirn. Verlag Bruno Martin, Südergellersen.

Holstiege, Hildegard (1991): Erzieher in der Montessori-Pädagogik. Herder, Freiburg.

Hürten, Karl-Heinz (1986): Material – Ein Kult in der Montessori-Pädagogik? In: Broschüre des Montessori-Gymnasiums Köln zum 25-jährigen Bestehen, S. 46ff.

Juul, Jasper (2003): Das kompetente Kind. Rowohlt, Reinbek.

Kramer, Rita (1995): Maria Montessori – Biografie. Fischer Taschenbuch, Frankfurt a.M.

Mack, Wolfgang (2003): Die Entschlüsselung des Gehirns. In: Spiegel spezial Nr. 4, S. 65.

Montessori, Maria (1985): Die Freiheit muss aufgebaut werden. In: Montessori-Werkbrief, 23. Jg., Heft 4, S. 122.

Montessori, Maria (2003): Entwicklungsmaterialien in der Schule des Kindes. Renate Götz Verlag Österreich (Dörfles).

Montessori, Maria (1997): Grundgedanken der Montessori-Pädagogik. (Hg. von P. Oswald und G. Schulz-Benesch) Herder, Freiburg.

Montessori, Maria (1930): Selbsttätige Erziehung im frühen Kindesalter. Stuttgart.

Montessori, Maria (1946): Das Studium der Bedeutung des Kindes. Vorlesung April 1946. In Zeitschrift: Das Kind. (Hg. von der Deutschen Montessori-Gesellschaft) 2. Halbjahr, Heft 10, 1991, S. 5ff.

Montessori, Maria (1946 a): Bedeutung des Sinnesmaterials als materialisierte Abstraktion. Vorlesung November 1946. In: Zeitschrift: Das Kind (Hg. von der Deutschen Montessori-Gesellschaft) 1991, S. 56.

Montessori, Maria (1954): Das Kind in der Familie. Ernst Klett Verlag, Stuttgart.

Montessori, Maria (1964): Kinder, die in der Kirche leben. Herder, Freiburg.

Montessori, Maria (1974): Die Entdeckung des Kindes. Herder, Freiburg.

Montessori, Maria (1976): Die Schule des Kindes. Herder, Freiburg.

Montessori, Maria (1979): Spannungsfeld Kind-Gesellschaft-Welt. Herder, Freiburg.

Montessori, Maria (1980): Kinder sind anders. Ullstein, Frankfurt a.M.

Montessori, Maria (1988): Kosmische Erziehung. Herder, Freiburg.

Montessori, Maria (1992): Dem Leben helfen. Herder, Freiburg.

Montessori, Maria (1997): Das kreative Kind. Herder, Freiburg.

Montessori-Landesverband Bayern (Hg.): Das gemeinsame Schulkonzept. München 2001.

Nienhuis Montessori: Material-Katalog. Zelhem, Niederlande.

Pauen, Sabine: Denken vor dem Sprechen. In: Gehirn und Geist 1, 2003, S. 44–49.

Piaget, Jean (1975): Das Erwachen der Intelligenz beim Kinde. Klett, Stuttgart.

Raapke, Hans-Dietrich (2001): Montessori heute. Rowohlt, Reinbek.

Schäfer, Gerd (2003): Wahrnehmung, Gestalten, Denken – Ästhetische Erfahrung als Grundlage frühkindlicher Bildung. In: Weber, S. (Hg.): Die Bildungsbereiche im Kindergarten. Herder, Freiburg, S. 13ff.

Roth, Heinrich (1968): Pädagogische Anthropologie, Bd. 1. Schroedel, Hannover.

Seiring, Wilfried (Leitender Oberschulrat a.D.) in: Montessori-Rundbrief Berlin-Brandenburg, Sonderausgabe Februar 2004: Montessori-Fachtagung zu Wahrnehmung, Bewegung, Sprache, S. 4ff.

Scheunpflug, Annette (2001): Biologische Grundlagen des Lernens. Cornelsen, Berlin.

Schulz von Thun, Friedemann (2001): Miteinander reden. Rowohlt, Reinbek.

Shantz, C. (1992): Das sich entwickelnde Gehirn. In: Spektrum der Wissenschaft, 11.

Singer, Wolf (1992): Das Gehirn: Ein biologisches Lernsystem, das sich selbst organisiert. In: Klivington, K. A.: Gehirn und Geist. Spektrum Akademischer Verlag, Heidelberg & Berlin, S. 174.

Spiegel special: Die Entschlüsselung des Gehirns. Nr.4/2003.

Spitzer, Manfred (2002): Lernen – Gehirnforschung und die Schule des Lebens. Spektrum Akademischer Verlag, Heidelberg & Berlin.

Steenberg, Ulrich (2002): Montessori-Pädagogik im Kindergarten. Herder, Freiburg.

Stern, Arno (1993): Der Malort. Daimon Verlag.

Vester, Frederic (1979): Denken, Lernen, Vergessen. Dtv, München.

Zimmer, Renate (1995): Das Handbuch der Sinneswahrnehmung. Herder, Freiburg.

Filme

Klein-Landeck, Michael: Montessori-Filmregister (hier werden 19 Filme vorgestellt). In: MONTESSORI – Zeitschrift für Montessori-Pädagogik (1997 Heft 3–4; 1998 Heft 1–2; 1999 Heft 4; 2002 Heft 3–4).

„Unser Haus für Kinder" – Das Montessori-Konzept im Kindergarten. Ein Film von W. Dönges, 2002 (media-versand, Ellwangen).

„Hilf mir, es selbst zu tun" – Einführung in die Montessori-Materialien. Ein Film von R. Göbel, 1995.

„Wo ich bin, ist Freiheit" – Porträt und Friedenspädagogik. Ein Film des Bayrischen Rundfunks, 1995.

Adressen

Aktionsgemeinschaft Deutscher Montessori-Vereine e.V.
Postfach 20 01 46
53131 Bonn-Bad-Godesberg

Montessori-Vereinigung e.V. Sitz Aachen
(hier ist u. a. eine sehr ausführliche Literaturliste erhältlich)
Eselsweg 100
41068 Mönchengladbach
www.montessori-vereinigung.de

Deutsche Montessori Gesellschaft e.V.
Butterblumenweg 5
65201 Wiesbaden
www.montessori-gesellschaft.de

Montessori-Deutschland e.V.
c/o Montessori-Akademie Meschede
Friedenstraße 1
59872 Meschede
www.montessori-deutschland.de

Heilpädagogische Vereinigung e.V.
Bernhard-Fischer-Straße 8
97340 Marktbreit

Montessori-Landesverband Baden-Württemberg e.V.
Beim Fasanengarten 9
70499 Stuttgart
www.montessori-baden-württemberg.de

Montessori-Landesverband Bayern e.V.
Engelhardstr. 29
81369 München
www.montessoribayern.de

Montessori-Landesverband Berlin-Brandenburg e.V.
Arnold-Knoblauch-Ring 54
14109 Berlin
www.montessori-berlin.de

Montessori-Landesverband Bremen e.V.
Lange Wenjen Nr. 9
28357 Bremen
www.montessori-bremen.de

Montessori-Landesverband Hessen e.V.
Butterblumenweg 5
65201 Wiesbaden
www.montessori-hessen.de

Montessori-Landesverband Niedersachsen e.V.
Steintorstraße 23
37124 Rosdorf
www.montessori-niedersachsen.de

Montessori-Landesverband NRW e.V.
An der Walkmühle 21
51069 Köln
www.montessori-landesverband-nrw.de

Montessori-Landesverband Saarland e.V.
Sittershöhe 1
66130 Saarbrücken
www.montessori-saarland.de

Nienhuis – Montessori (Lieferant für Montessori-Materialien)
Industriepark 14
7021 Zelhem (Niederlande)
www.nienhuis.nl